MARIANAS EN COMBATE

MARIANAS EN COMBATE

Teté Puebla & el Pelotón Femenino Mariana Grajales en la guerra revolucionaria cubana 1956–58

PATHFINDER

Nueva York Londres Montreal Sydney

Edición: Mary-Alice Waters

ISBN 0-87348-963-2
Número de control de la Biblioteca del Congreso (Library of Congress Control Number) 2002115683

Impreso y hecho en Estados Unidos de América
Manufactured in the United States of America

Primera edición, 2003
Tercera impresión, 2004

FOTO DE LA PORTADA: Miembros del Pelotón Femenino Mariana Grajales junto a otras combatientes del Ejército Rebelde, enero de 1959. Teté Puebla está de pie, al centro. (Cortesía de Teté Puebla)

DISEÑO DE LA PORTADA Y DE LAS PÁGINAS DE FOTOS: Eva Braiman

Pathfinder

www.pathfinderpress.com
Correo electrónico: pathfinder@pathfinderpress.com

DISTRIBUIDORES DE PATHFINDER EN EL MUNDO:

Australia (y Oceanía y el sudeste de Asia):
Pathfinder, Level 1, 3/281-287 Beamish St., Campsie, NSW 2194
Dirección postal: P.O. Box 164, Campsie, NSW 2194
Canadá:
Pathfinder, 699 Lansdowne Ave., Toronto, ON M6H 3Y9
Estados Unidos (y América Latina, el Caribe y el oriente de Asia):
Pathfinder, 306 W. 37th St., 10th Floor, Nueva York, NY 10018-2852
Islandia:
Pathfinder, Skolavordustig 6B, Reikiavik
Dirección postal: P. Box 0233, IS 121 Reikiavik
Nueva Zelanda:
Pathfinder, P.O. Box 3025, Auckland
Reino Unido (y Africa, Europa, Oriente Medio y el Sur de Asia):
Pathfinder, 47 The Cut, Londres, SE1 8LF
Suecia:
Pathfinder, Domargränd 16, S-129 47 Hägersten

Contenido

Presentación

Ciudad de la Habana, 19 de noviembre de 2002
Año de los Héroes Prisioneros del Imperio

Después de leer el valioso trabajo que resultó de la entrevista a la General de Brigada Delsa Esther Puebla Viltres "Teté", nuestra compañera de lucha, creo que es mejor no emplear palabras en presentarlo y dejar que sea el propio lector quien encuentre en sus sencillas respuestas su humanismo, conozcan de su humilde origen, palpen su fibra revolucionaria, se adentren en las bondades y firmeza de nuestra revolución.

Ella dice que ha vivido tan intensamente la revolución que no la puede separar de su vida. Pudiéramos añadir que a través de sus relatos el lector aprenderá a admirar a Teté y conocerá más de cerca la justeza de nuestra causa.

Juan Almeida Bosque
Presidente
Asociación de Combatientes de la Revolución Cubana

GRANMA

La general de brigada Teté Puebla al ser condecorada como Heroína de la República de Cuba por Fidel Castro, 2 de diciembre de 2001. Observa Vilma Espín, quien recibió la misma distinción.

Teté Puebla

Delsa Esther Teté Puebla, general de brigada en las Fuerzas Armadas Revolucionarias de Cuba, fue combatiente en la guerra revolucionaria de 1956–58 y una de los miembros fundadores del Partido Comunista de Cuba y de la Federación de Mujeres Cubanas. Nació el 9 de diciembre de 1940 en el pueblo de Yara, localizado en Cuba oriental.

En 1956, durante su primer año en la Escuela Normal para Maestros de Manzanillo, se unió al clandestino Movimiento 26 de Julio, que luchaba por derrocar la tiranía de Fulgencio Batista, la cual era respaldada por Washington. Asumió numerosas tareas y misiones en el transcurso del año siguiente, hasta que un miembro de su célula en el movimiento fue arrestado y habló ante la tortura, revelando el involucramiento de Puebla. En julio de 1957 dejó los estudios y se marchó a la Sierra Maestra, donde se convirtió en miembro del Ejército Rebelde.

En septiembre de 1958, pasó a ser miembro fundadora y segunda al mando del Pelotón Femenino Mariana Grajales, la primera unidad combativa de mujeres del Ejército Rebelde. Como teniente, participó en numerosas batallas entre septiembre y la victoria de la revolución en enero de 1959. A partir de entonces, sus responsabilidades han incluido:

- Desde febrero de 1959, directora en el Ejército Rebelde del Departamento de Asistencia a las Víctimas de Guerra y sus familiares.
- Desde febrero de 1963, encargada de educación en el Ejército Oriental.

• Desde agosto de 1964, encargada de las Granjas Infantiles para huérfanos de guerra y de Seguridad Social en el Ejército Occidental.

• Desde abril de 1966, trabajó en una Unidad Especial para asistir a los familiares de los voluntarios internacionalistas.

• Desde marzo de 1969, directora del Plan Ganadero Guaicanamar en Jaruco, en la provincia de La Habana.

• Desde octubre de 1978, jefa de la sección militar del Partido Comunista en La Habana.

Desde 1985 hasta el presente, Teté Puebla ha sido directora de Atención a Combatientes, Familiares de Internacionalistas y Mártires de la Revolución.

Miembro de las Fuerzas Armadas Revolucionarias por 46 años, obtuvo el grado de teniente en 1958, capitana en 1959 y coronela en 1994. En 1996 fue ascendida a general de brigada.

Miembro del Comité Central del Partido Comunista de Cuba, 1980–86. Desde 1980 hasta el presente, ha sido miembro del Comité Provincial del partido en La Habana y de su Comisión Ideológica.

Es diputada a la Asamblea Nacional de Cuba por Centro Habana y miembro de la Comisión Permanente de la Defensa de la asamblea.

Ha sido miembro de la Federación de Mujeres Cubanas desde 1960. Desde 1980 hasta 1989 sirvió en su Comité Nacional y actualmente es miembro de su Comité Provincial de Ciudad de La Habana.

Es miembro del Ejecutivo Nacional de la Asociación de Combatientes de la Revolución Cubana, así como de su Comité Ejecutivo Provincial.

Desde 1960 ha estado casada con Raúl Castro Mercader, habiéndolo conocido como oficial de la columna de Che Guevara en el Ejército Rebelde durante la guerra revolucionaria. Él actualmente ostenta el grado de general de brigada en las Fuerzas Armadas Revolucionarias. Tienen tres hijos y cinco nietos.

En diciembre de 2001 Delsa Esther Puebla recibió el título de Heroína de la República de Cuba, el más alto honor del país.

LUIS MADRID / PERSPECTIVA MUNDIAL

La general de brigada Teté Puebla (derecha) y la editora Mary-Alice Waters, La Habana, 18 de noviembre de 2000.

Mary-Alice Waters, autora de la introducción y editora de *Marianas en combate,* es presidenta de la editorial Pathfinder y directora de la revista marxista *New International* (Nueva Internacional). Se integró al movimiento socialista en Estados Unidos a comienzos de la década de 1960 ante el impacto de la lucha de masas cada vez más extensa por los derechos del pueblo negro y las victorias que conquistaba el pueblo trabajador de Cuba conforme defendía su revolución socialista de los ataques de Washington. Ha sido miembro del Comité Nacional del Partido Socialista de los Trabajadores desde 1967.

Waters es la autora, entre otros títulos, de *Marxismo y feminismo* y "En defensa de Cuba, en defensa de la revolución socialista cubana". Es la redactora de *Rosa Luxemburg Speaks* (Habla Rosa Luxemburgo), *Cosmetics, Fashions and the Exploitation of Women* (Los cosméticos, la moda y la explotación de la mujer), y de cerca de una docena de libros de entrevistas, discursos y escritos de dirigentes de la Revolución Cubana.

Introducción

Antes del triunfo de la revolución la mujer era un objeto,
un adorno de cama. Después de la revolución esto cambió.
Y la mujer comenzó a organizarse de forma masiva,
trabajando para cambiar las condiciones de su vida y liberarse.

TETÉ PUEBLA
Marianas en combate

Los cambios de una época histórica se pueden determinar siempre en función del progreso de las mujeres hacia la libertad . . . El grado de la emancipación femenina constituye la medida natural de la emancipación general.

CARLOS MARX
La sagrada familia

LA GENERAL DE BRIGADA TETÉ PUEBLA, mujer que ostenta el grado más alto en las Fuerzas Armadas Revolucionarias de Cuba y Heroína de la Revolución Cubana, se unió a la lucha para derrocar a la sangrienta dictadura de Fulgencio Batista respaldada por Washington, en 1956, cuando tenía 15 años de edad. *Marianas en combate* es su historia: desde la acción clandestina en el pueblo de Yara en las estribaciones de la Sierra Maestra al oriente de Cuba, hasta devenir oficial en el primer pelotón femenino del Ejército Rebelde, y su papel como protagonista y defensora de la transformación social y económica de Cuba.

El primero de enero de 1959, apenas dos años después de iniciada la guerra revolucionaria, el ejército batistiano se desintegró ante las fuerzas del Ejército Rebelde que avanzaban rápidamente, y ante la insurrección popular y la huelga general convocada por el Movimiento 26 de Julio, las cuales se expandían. El dictador y su séquito de asesinos y ladrones huyeron de Cuba. Había nacido lo que millones de cubanos pasaron a llamar con orgullo "el primer territorio libre de América".

El nuevo poder revolucionario, respondiendo a las movilizaciones cada vez más amplias del pueblo trabajador, se dio a la tarea de cambiar las condiciones de vida y de trabajo de millones de cubanos. Al hacerlo, hizo caso omiso de las prerrogativas supuestamente inherentes de las acaudaladas familias estadounidenses y sus sirvientes en Cuba, quienes décadas antes habían acaparado las lucrativas plantaciones azucareras, ranchos ganaderos, reservas de níquel, refinerías de petróleo, ferrocarriles, monopolios de servicios públicos y bancos de la isla nación.

En cuestión de meses se habían sentado los primeros elementos de un orden social más equitativo. Un profundo programa de reforma agraria había reconocido los títulos de propiedad de 100 mil familias campesinas sobre la tierra que trabajaban. Se habían reducido los onerosos alquileres, tarifas telefónicas y de electricidad, y las cuotas de otros servicios públicos. La enseñanza pública y la atención médica se habían extendido a todos los sectores sociales en Cuba. La discriminación racial en el empleo y en las actividades públicas había sido proscrita. Los prostíbulos y casinos construidos para el placer y excitación de los caballeros y damas imperialistas habían sido clausurados. Y cientos de miles de trabajadores y campesinos, especialmente los jóvenes, habían engrosado las filas de las recién establecidas milicias revolucionarias a fin de armarse y prepararse para defender sus conquistas.

Al agudizarse el antagonismo de Washington hacia esta trayectoria popular y patriótica, el pueblo trabajador cubano y su gobierno rehusaron dar marcha atrás. Ante el sabotaje, la subversión, los complots de asesinato y los innumerables actos de terrorismo asesino dirigidos contra la población, organizados y financiados por Washington, la revolución se profundizó y fortaleció. En abril de 1961, en Playa Girón, la respuesta decidida de las milicias populares y de las fuerzas armadas y policía revolucionarias aplastó en menos de 72 horas de intenso combate una invasión mercenaria de gran escala orquestada por Washington. Esta derrota de las fuerzas contrarrevolucionarias en la Bahía de Cochinos marcó un punto álgido en la revolución.

La primera revolución socialista en el hemisferio occidental tuvo su origen en esos años de lucha de clases titánica.

En las páginas que siguen conocemos a algunas de las mujeres y los hombres comunes y corrientes —muchos, como Teté Puebla, todavía adolescentes en aquella época— que hicieron esta historia. Podemos ver cómo en el transcurso de la lucha se transformaron a sí mismos. Empezamos a comprender la trayectoria de clases que por más de 40 años ha permitido al pueblo trabajador cubano mantener a raya al imperialismo estadounidense conforme defiende su curso, construyendo una nueva sociedad basada en relaciones sociales y económicas que son la negación de las realidades del capitalismo donde el hombre es el lobo del hombre.

Vemos cómo la puerta hacia logros como los conquistados por la mujer en Cuba en el último medio siglo sólo se puede abrir en tanto el pueblo trabajador en su mayoría actúe para romper con el dominio que ejercen las clases acaudaladas, beneficiarias de la condición de segunda clase de la mujer. Podemos ver por qué, para lograr ese objetivo, es decisivo un cuadro revolucionario comprometido a impulsar la igualdad de la mujer.

■

Unos ocho años después del triunfo sobre Batista, el primer ministro cubano Fidel Castro, al dirigirse a una sesión plenaria de la Federación de Mujeres Cubanas en diciembre de 1966, llamó la atención al número de mujeres que estaban asumiendo responsabilidades nuevas, importantes y desafiantes, en los programas agrícolas donde los prejuicios sociales, anteriormente difundidos de manera amplia, les hubieran impedido asumir puestos de dirección. Poco después entre sus filas había de estar —como ella misma describe en estas páginas—, Teté Puebla. "Esa es una de las grandes lecciones", apuntó Fidel,

> una de las más grandes victorias contra prejuicios que tienen, no voy a decir años, ni siglos, sino prejuicios que tienen milenios: el prejuicio de considerar que las mujeres sólo eran aptas para fregar, lavar, planchar, cocinar, limpiar la casa y tener hijos [*Aplausos y gritos*]; el prejuicio milenario que situaba a la mujer dentro de la sociedad en un estrato inferior; prácticamente no se puede decir ni siquiera en un modo de producción.
>
> Estos prejuicios tienen miles de años y han sobrevivido a distintos sistemas sociales. Porque si vamos a hablar del capitalismo, la mujer, es decir, la mujer de una clase humilde, era doblemente explotada o era doblemente humillada. Una mujer pobre, como perteneciente a la clase trabajadora o familia de trabajadores, era explotada simplemente por su condición humilde, por su condición de trabajadora.
>
> Pero, además, dentro de la propia clase y dentro de su propia situación de mujer trabajadora, era a su vez menospreciada, subestimada. Era subestimada, explotada y menospreciada por las clases explotadoras. Pero es que dentro de su propia clase la mujer era vista a través de un sinnúmero de prejuicios . . .
>
> Si las mujeres en nuestro país eran doblemente explotadas, eran doblemente humilladas, eso significa sencillamente que en una revolución social, las mujeres deben ser doblemente revolucionarias. [*Aplausos*]
>
> Y esto tal vez explica, o contribuya a explicar y se puede decir que es la base social que permite explicar por qué la mujer cubana apoya tan decididamente a la revolución, tan entusiásticamente a la revolución, tan firmemente a la revolución, tan fielmente a la revolución.
>
> Sencillamente por eso, porque es una revolución que significa para la mujer dos revoluciones, que significa para la mujer una doble liberación: la mujer formando parte de los

> sectores humildes del país, de los sectores explotados del país; y la mujer, además, discriminada no ya como trabajadora, sino discriminada como mujer dentro de esa misma sociedad explotadora.
>
> Es por eso que la actitud de la mujer en nuestra revolución, en nuestro país, responde a esa realidad, responde a lo que la revolución ha significado para la mujer. . .
>
> Hay dos sectores del país, dos sectores de la sociedad que, independientemente o aparte de las razones económicas, han tenido otras razones para ver con simpatía y para ver con entusiasmo la revolución. Esos dos sectores son: la población negra del país y las mujeres del país.

El relato de Teté Puebla nos ofrece un cuadro vivo y concreto de esta transformación revolucionaria. Apreciamos lo que la incorporación a la lucha significó para una joven procedente de una familia humilde del pueblo trabajador de la provincia de Oriente: cómo y por qué rehusó aceptar el status quo, cuáles fueron sus aspiraciones y sus logros, cómo crecía y cambiaba a medida que se intensificaba la guerra. En los campamentos del Ejército Rebelde, relata, "Nuestro principal anhelo seguía siendo ganarnos el derecho de combatir". Con palabras que captan la lucha decidida de las mujeres en todas partes por establecer su igualdad, señala, "Ya estaba probado que la mujer podía hacer de todo . . . 'Si la mujer tiene que participar en todas las tareas de la revolución', dijimos, '¿por qué no combatir por la revolución en la misma forma que combaten nuestros hombres?'"

Después que una importante ofensiva del ejército batistiano había sido derrotada en julio de 1958, en momentos en que el Ejército Rebelde se preparaba a lanzar la contraofensiva que lo llevaría a la victoria, "le pedimos al Comandante en Jefe que nos dejara combatir con el fusil en la mano. Él estuvo de acuerdo. Fidel dijo que sí, que la mujer se había ganado el derecho de luchar con el fusil en el enfrentamiento directo con el enemigo".

La batalla política que libraron Fidel Castro y sus más allegados en la dirección del Ejército Rebelde para encarar los prejuicios antifemeninos que aún estaban profundamente arraigados entre algunos de los mejores combatientes, y establecer el Pelotón Femenino Mariana Grajales, da una idea de la talla de esa dirección revolucionaria. Fue una de las medidas más importantes que tomó la comandancia del Ejército Rebelde en medio de la guerra, demostrando en la práctica la proyección social, la proyección de clase, que continuaría siguiendo el nuevo poder revolucionario una vez se lograra la victoria sobre la dictadura.

A los hombres que reclamaron "¿Cómo se le va a entregar un fusil a las mujeres con tantos hombres desarmados?", Fidel les respondió: "Porque son mejores soldados que ustedes. Son más disciplinadas". El historial de lucha de las Marianas dejó demostrado que la decisión de organizar el pelotón fue correcta, y sus acciones allanaron el terreno para posteriores conquistas de la mujer conforme fue avanzando la revolución.

El nombre del pelotón no podía ser más apropiado. A la unidad del Ejército Rebelde, de la cual Teté Puebla fue la segunda al mando, se le dio el nombre de una heroína de las guerras de independencia contra el régimen colonialista español en el siglo XIX. Mariana Grajales fue una mujer negra que envió a todos sus hijos a combatir por la libertad de Cuba; ocho de sus familiares cayeron en combate. El más destacado fue el Titán de Bronce, Antonio Maceo, el legendario general del ejército emancipador cubano, caído en combate en 1896. El nombre de Mariana Grajales ha pasado a ser símbolo del espíritu de resistencia y valentía inquebrantable de los oprimidos que luchan por su liberación por el mundo entero.

■

La entrevista que aparece en estas páginas se realizó en La Habana, Cuba, en dos sesiones, la primera el 18 de noviembre de 2000, y la segunda el primero de marzo de 2002. Fue posible gracias al apoyo y aliento de la dirección de la Asociación de Combatientes de la Revolución Cubana, en particular de su presidente, el Comandante de la Revolución Juan Almeida, autor de la presentación de este tomo, y del general de brigada Harry Villegas, actual vicepresidente ejecutivo de la asociación.

Sin la ayuda, perseverancia y habilidades de la editora cubana Iraida Aguirrechu, no habría sido posible completar el original con la calidad y precisión deseadas y, confiamos, realizadas.

Va nuestro agradecimiento especial a Teté Puebla misma por el tiempo y atención dedicados, así como la selección de irreemplazables fotos originales que facilitó de su archivo personal.

Para ensamblar las páginas de fotos ofrecieron también ayuda Delfín Xiqués de *Granma* y la dirección de la Federación de Mujeres Cubanas, así como Manuel Martínez de *Bohemia*.

El glosario, las notas y gran parte de la preparación editorial en inglés fue labor del editor de Pathfinder Michael Taber. El editor de Pathfinder Luis Madrid participó en la primera entrevista con Teté Puebla y se encargó de la preparación final del texto en español. Martín Koppel, director de *Perspectiva Mundial*, participó en la segunda sesión de la entrevista.

Un equipo numeroso de voluntarios, quienes forman parte del proyecto internacional de reimpresión de Pathfinder, hizo posible la edición simultánea de este libro en español e inglés. Ellos brindaron su tiempo y capacidades para traducir, corregir, componer, hacer lecturas, preparar fotos y mapas, y atender de forma competente muchas otras tareas indispensables para lograr que el original se pusiese a punto para su impresión.

Mediante el esfuerzo colectivo de muchos, hoy es accesible a todos una hebra más de la rica historia de la Revolución Cubana. *Marianas en combate* se dedica a los jóvenes en todos los rincones del planeta quienes hoy, como la Teté Puebla de 15 años que les precedió, rehusan aceptar la brutalidad y la injusticia del sistema capitalista que los rodea y deciden unirse a otros en una lucha disciplinada por un mundo mejor.

Mary-Alice Waters
Noviembre de 2002

HABANA
MATANZAS
JARUCO
CORDILLERA DE GUANIGUANICO
LA HABANA
MATANZAS
PINAR DEL RÍO
PINAR DEL RÍO
SANTA CLARA
LAS VILLAS
ESCAMBRAY
PLAYA GIRÓN
ISLA DE PINOS

OCÉANO ATLÁNTICO
GOLFO DE MÉXICO
Bahamas
Cuba
Puerto Rico
Haití
Jamaica
República Dominicana
México
Honduras Br.
Honduras
MAR CARIBE
Guatemala
El Salvador
Nicaragua
Costa Rica
OCÉANO PACÍFICO
Panamá
Colombia
Venezuela

160 KILÓMETROS

100 MILLAS

Cuba 1959

Provincia de Oriente, 1958
Zonas aproximadas de los frentes del Ejército Rebelde
LA HABANA
Cuba
SANTIAGO DE CUBA
CAMAGÜEY
ORIENTE
VICTORIA DE LAS TUNAS
HOLGUÍN
BANES
IV Frente
MAYARÍ
MOA
SAGUA-BARACOA
BARACOA
SIERRA CRISTAL
BAYAMO
III Frente
MANZANILLO
CONTRAMAESTRE
YARA
GUISA
MAFFO
PALMA SORIANO
II Frente
I Frente
GUANTÁNAMO
SIERRA MAESTRA
CAIMANERA
Bahía de Guantánamo
SANTO DOMINGO
MINAS DEL FRÍO
EL HOMBRITO
SANTIAGO DE CUBA
LAS COLORADAS
MAR VERDE
BASE NAVAL DE EE.UU.
80 KILÓMETROS
50 MILLAS

‘Yo soy y siempre seré una mariana en combate’

ENTREVISTA CON TETÉ PUEBLA

CORTESÍA DE TETÉ PUEBLA

La teniente Teté Puebla, segunda al mando del Pelotón Mariana Grajales, en Matanzas durante la Caravana de la Libertad, enero de 1959.

De la clandestinidad a la Sierra

MARY-ALICE WATERS: Una de las mejores medidas del carácter de la Revolución Cubana son los profundos cambios que ha traído en la condición económica, social y política de la mujer. Por todo el mundo hay luchadores —hombres y mujeres de disposición revolucionaria— quienes apoyan la igualdad de la mujer y a quienes les interesa entender esta transformación. ¿Cómo se logró? ¿Qué tipo de dirección la hizo posible?

Por casi cinco décadas has asumido responsabilidades importantes en la lucha del pueblo trabajador cubano para defender y profundizar su revolución, transformar su país y a sí mismos, afectando el curso de la historia. Hoy eres general de brigada en las Fuerzas Armadas Revolucionarias de Cuba. Todo esto debe haber ido más allá de lo que habrías podido imaginar cuando te integraste a la lucha como adolescente. ¿Cómo fue que una joven que creció en un pueblo de la provincia de Oriente a mediados de la década de 1950 encontró su ruta hacia el movimiento revolucionario para derrocar a la dictadura batistiana?

TETÉ PUEBLA: Soy de origen muy humilde, campesino, del municipio de Yara, en la actual provincia de Granma, en Cuba oriental. Mi papá era un campesino; tenía su pedazo de tierra, donde sembraba. Somos ocho hermanos, pero yo soy la mayor.

Me criaron mis abuelos, y cuando era pequeña nunca tuve juguetes. Mis muñecas eran de trapo hechas por mi abuela. Por eso me quedé con la ilusión de tener una muñeca de verdad.

De joven, yo era muy activa. Me gustaba montar en bicicleta, patinar, subirme a un puente y desde ahí tirarme al río. Nadaba, montaba a caballo y bailaba, me gustaba mucho bailar . . . el cha cha cha, el mambo. También jugaba a la pelota, al duro. O sea que no era la pelota con la que jugaban las otras niñas. Y me gustaba ser pitcher.

Y todas estas cosas me sirvieron después en la vida, y en la guerra.

Toda mi familia apoyaba o participaba con el Movimiento Revolucionario 26 de Julio. De mis hermanos, dos se unieron al Ejército Rebelde, y todos mis tíos terminaron la guerra en la Sierra Maestra con grados de oficial. O sea, aquella era una familia de guerrilleros, una familia revolucionaria. Yo me inicié como militante del Movimiento 26 de Julio a la edad de 15 años. Vivía en Yara e iba a la escuela en Manzanillo.

LUIS MADRID: ¿Cuál era la situación política en Cuba en aquel momento?

PUEBLA: Era muy crítica. La dictadura batistiana cometía asesinatos y atropellos contra el pueblo.

Aquí había un cuerpo especial de la dictadura, les llamaban los Tigres de Masferrer,[1] eran escuadrones de la muerte que torturaban y mataban a los ciudadanos que apresaban. En Yara había un masferrerista llamado Juventino Sutil. Este hombre amarraba a la gente, la ponía dentro de un saco, le echaba gasolina y la quemaba. Así asesinó a muchas personas.

De Yara, nunca olvidaré cómo las fuerzas de la dictadura violaron a dos compañeras: Amelia Puebla —quien está emparentada conmigo— y Georgina Barbán. Fueron violadas por todos los guardias del cuartel de Manzanillo. Se dice que había unos 50 guardias. Ellas han dedicado su vida a la revolución.

Cosas como esas hicieron que nos incorporáramos a la lucha. Casi el grupo completo de los jóvenes del poblado lo hicimos.

Nos incorporamos al movimiento revolucionario, y estábamos dispuestos a participar directamente en la lucha. No éramos familias de dinero, ricas; éramos gente humilde del pueblo. Lo que nos hizo unirnos a la lucha fueron los abusos, los atrope-

1. *Ver glosario,* Rolando Masferrer.

llos, la tortura, los asesinatos cometidos por la dictadura de Batista y sus esbirros.

WATERS: Yara es famosa por el número de combatientes que ha dado. ¿Quiénes fueron otros de los jóvenes que se unieron a la lucha durante aquellos mismos años?

PUEBLA: Se incluye a un número que llegaron a ser generales en las Fuerzas Armadas Revolucionarias. Estaba Harry Villegas, quien después peleó junto al Che [Guevara] en el Congo y en Bolivia. El general Manuel Lastre, con quien hasta íbamos juntos a la iglesia, a la escuela; el general de Cuerpo de Ejército Leopoldo Cintra Frías, internacionalista y hoy jefe del Ejército Occidental; el general de brigada Miguel Lorente, tanquista e internacionalista en Etiopía y Angola. Además están los compañeros Flor Pérez Chávez, herida en Maffo, Norma Ferrer, y el coronel Orestes Guerra.

De ese grupo hay algunos a quienes yo quería como hermanos. Además compañeros como el combatiente Juan Ramón "Turtó" Figueroa, quien cayó en la guerra, peleando en el Segundo Frente al mando de Raúl Castro. A veces me preguntan por qué he mantenido siempre esa unidad con mi pueblo. Es cierto que mi familia vive allá: mi madre, mis hermanos.

Pero es que cuando salimos de Yara para la Sierra acordamos que si uno de nosotros quedaba vivo se mantendría yendo al pueblo, y así iríamos todos. Eso es lo que a mí me ha mantenido tan unida a ese pueblo. No sólo porque soy de allí, sino por la memoria de los que han muerto en la lucha. Es algo que siempre he llevado dentro de mí. No somos creyentes en esta cosa de la muerte y eso, pero éramos compañeros. Estábamos juntos desde el comienzo de la guerra.

MADRID: ¿En qué tipo de actividades revolucionarias participaste al unirte?

PUEBLA: Participé en todo tipo de actividades: en la venta de bonos, en el traslado de armas, de compañeros hasta la Sierra, y en múltiples acciones vinculadas a la guerra revolucionaria.

Una vez, en el Día de San José, en la fiesta del patrón del pueblo nuestro —o sea, el 19 de marzo de 1957— llenamos las calles del pueblo de alcayatas. Como resultado, todos los carros que entraban al pueblo se iban ponchando y así cumplíamos la tarea de paralizar la ciudad. Otro objetivo fue desconectar el tendido eléctrico.

Había una guardia de cuatro soldados en un jeep, que se mantenía dando vueltas por todo el pueblo, que no es un pueblo grande. Teníamos que hacer la actividad de distracción. Unas compañeras les dijeron a los soldados: "Vamos a tomarnos un refresco por allí", en un lugar alejado del objetivo.

Así permitíamos que los compañeros pudieran actuar contra el tendido eléctrico.

A veces usábamos vestimentas diferentes y artimañas para llevar a cabo nuestro trabajo.

Allá por los años 50 las mujeres usaban unas sayas amplias, o sayuelas con muchos vuelos, le llamábamos "la engañadora". Debajo de esas sayas colocábamos lo que se fuera a trasladar. Por debajo de la saya llevábamos balas, dinamita o lo que se necesitara trasladar.

Una vez tuvimos que disfrazarnos, incluso ponernos una barriga donde poníamos armas. Y a una mujer embarazada nadie le tocaba la barriga. Y realmente entre amplias sayuelas se trasladaban balas, mensajes, dinamita, medicinas y dinero.

Los de la clase pudiente del pueblo hablaban de nosotros: "Allá vi a Teté con una barriga". Me veían en otro pueblo con una barriga, y de momento sin la barriga. ¿Se imaginan lo que dirían de nosotras? O ver por algún lado a negros con blancos, o a una blanca con un negro, para ellos aquello era un problema. Se convertía en el chisme de un pueblo pequeño como era el nuestro.

Más importante aún, aquí la discriminación era muy grande. De una parte vivían las personas blancas y de la otra las personas de color. Si íbamos al parque de Manzanillo, también los blancos paseaban por fuera y los negros por dentro, así era dondequiera.

MADRID: ¿En qué otras actividades participaste?

PUEBLA: Recuerdo una vez cuando llegó Santiago Terry de

aquí de La Habana, lo mandan para Santiago y de allí lo mandan para Yara. Yo lo saqué de Yara, detrás en mi bicicleta. Y lo hice con tranquilidad, pasamos en medio de los guardias del pueblo para que así pudiera irse a la Sierra, donde se unió al Ejército Rebelde. Al momento de su muerte, en 1986, Terry era coronel en las Fuerzas Armadas Revolucionarias.

WATERS: ¿Había protestas o manifestaciones de parte de los jóvenes?

PUEBLA: Las había en las ciudades más grandes. Pero no en el pequeño pueblo nuestro de Yara, donde tras empezar la guerra se ubicó uno de los cuarteles más grandes del ejército. Un coronel de la dictadura vivía incluso frente a mi casa. Eso nos hacía la situación difícil en la localidad.

A veces trasladábamos armas y otros materiales de Yara hacia otros lugares. Nosotros enmascarábamos muchas de nuestras actividades al invitar a que nos acompañaran a acciones de distracción a los hijos del sargento del Pino, uno de los esbirros de Batista, a quien después lo condenaron a 30 años de cárcel. Los dos hijos del sargento pasaban mucho tiempo con nosotros. Él no sabía que estábamos en el movimiento. Y ellos tampoco sabían que los utilizábamos.

¿Cómo los utilizábamos? Ellos tenían novias quienes simpatizaban con el movimiento. No eran miembros, sino que simplemente eran dos muchachas que sentían que tenían que hacer algo. Después del desembarco del *Granma,* el ejército estableció un cuartel en Yara, y cerró todos los caminos. Entonces usamos esa conexión para trasladar cosas dentro de la ciudad. A ellas les indicábamos que les dijeran a los hijos de del Pino: "¿Por qué no vamos a algún club a tomarnos una cerveza? ¿Por qué no vamos a tal barrio en Yara?" Entonces, con las dos muchachas y los hijos del sargento, nos íbamos todos en el jeep de su papá, llevando lo que había que trasladar. Claro está, a los soldados no se les ocurría parar y revisar un vehículo del mismo ejército.

Otras veces, hacíamos una fiestecita e invitábamos a los hijos de del Pino para despistar. En un cuarto había fiesta . . . y en el otro machacábamos esas alcayatas o hacíamos otras cosas.

Llegó un momento en que, debido a la represión, ya no pudimos entrar más al pueblo; nos tuvimos que trasladar a la Sierra.

Fue en julio de 1957 —cuando tenía 16 años—, siendo perseguida por el ejército, al fin pude subir a las montañas para unirme al Ejército Rebelde. Este había sido mi anhelo por mucho tiempo, y en aquellos momentos era el de todo revolucionario, aunque no se podía hacer mientras fueras útil en el llano y no te identificaran. Ya habían pasado ocho meses desde el desembarco del *Granma* y el levantamiento de Santiago de Cuba cuando llegué.[2]

MADRID: ¿Fuiste sola o había otros contigo? ¿Qué sucedió que tuviste que irte de la ciudad?

PUEBLA: Fuimos un grupo de compañeros. Ya no podíamos seguir en el llano porque un compañero miembro del Movimiento 26 de Julio, torturado, habló de más y nos traicionó ante la dictadura. Reveló que habíamos participado en un traslado de armas desde Santiago de Cuba hacia Manzanillo. Tuvimos que irnos para la Sierra.

Uno de los compañeros que subió con nosotros fue Rolando Kindelán, quien ayudó a dirigir a los primeros internacionalistas en el Congo-Brazzaville. Estaban también Ángel Frías —quien terminó la guerra como comandante del Ejército Rebelde, ya fallecido—, y los hermanos Leonardo y Tony Arias, muertos después por las fuerzas batistianas.

2. En noviembre de 1956, 82 combatientes revolucionarios —entre ellos Fidel Castro, Raúl Castro, Che Guevara, Camilo Cienfuegos y Juan Almeida— zarparon rumbo a Cuba a bordo del yate *Granma* desde Tuxpan, México. Los expedicionarios desembarcaron en el sudeste de Cuba el 2 de diciembre de 1956, en la playa de Las Coloradas, marcando el comienzo de la guerra revolucionaria cubana basada en la Sierra Maestra.

   Planeados originalmente para que coincidieran con el desembarco del *Granma* —programado para el 30 de noviembre de 1956—, el Movimiento 26 de Julio en Santiago de Cuba, dirigido por Frank País, efectuó ataques coordinados contra las guarniciones del ejército y de la policía, logrando desatar un levantamiento general por parte de la población de Santiago. La mayoría de los combatientes del 30 de noviembre se unieron al Ejército Rebelde en la Sierra Maestra a comienzos de 1957.

WATERS: ¿Hubo otras mujeres que se fueron contigo?

PUEBLA: Sí, había otras dos: Eugenia Verdecia e Ileana Rodés. Cuando llegamos al campamento rebelde en la Sierra, el Comandante en Jefe exclamó: ¡Llegaron mujeres. Ahora sí se engrandece la guerrilla!

En el Ejército Rebelde

WATERS: Háblanos un poco sobre las fuerzas del Ejército Rebelde a las que te integraste en julio de 1957, y sobre lo que hiciste.

PUEBLA: En aquellos momentos el Ejército Rebelde no era una guerrilla grande. Era una guerrilla que caminaba mucho en toda la montaña. Era una guerrilla nómada, que se trasladaba día y noche de un lado para otro.

Al principio, las mujeres no estábamos organizadas como combatientes. Ayudábamos a cocinar, a coser, a curar heridos. También enseñábamos a leer a los compañeros. En esa etapa nuestra guerrilla estaba compuesta principalmente de campesinos de la Sierra Maestra. El primer grupo mayor de combatientes de que se nutrió fue gente del pueblo, pero luego empezaron a incorporase los campesinos, entre ellos algunos que habían apoyado a los rebeldes desde el principio. Entonces, el Ejército Rebelde les empezó a enseñar a leer y a escribir. El primer alfabetizador fue el Che, que dio clases a Joel Iglesias y a Alejandro Oñate, a quien le decían "Cantinflas".

Recuerdo que cuando llegaban las cartas a los compañeros que no sabían leer, nosotros se las leíamos; y les hacíamos las cartas a ellos, ellos las dictaban. Después, empezamos a enseñarles a leer y escribir con una libretica.

Varias compañeras dieron clases a los combatientes rebeldes. También se fueron preparando escuelitas para los niños de los campesinos. Compañeras maestras que pertenecían al Movimiento 26 de Julio, que trabajaban allí en el llano, subían con el Ejército Rebelde y se ponían a dar clases.

Después, ya hacia el final de la guerra, hicimos escuelas en la Sierra, empezamos a enseñarles a leer y escribir a los rebeldes, a los campesinos y a sus niños. Se organizaron talleres de costura, armerías, estaba la escuela de reclutas en Minas del Frío. Lo mismo se enseñaba a manejar las armas que a leer y escribir.[3]

Las mujeres también trabajábamos en los hospitales. Ayudábamos a los médicos a curar heridos. Tuvimos que salir de la Sierra a buscar medicamentos. Éramos mensajeras. O sea que las mujeres teníamos que hacer de todo. Realmente lo que queríamos era que nos dieran el fusil. Y en cuanto nos lo dieron, demostrar que podíamos pelear.

Celia Sánchez

WATERS: Celia Sánchez fue una de las dirigentes del Movimiento 26 de Julio en Oriente que fueron a la Sierra al comienzo de la guerra revolucionaria. ¿Pudiste conocerla y trabajar con ella?

PUEBLA: Al llegar a la Sierra, ya Celia Sánchez había estado allí. Era el vínculo con el trabajo clandestino. Cuando llegamos, ella no estaba. Había salido en una misión.

Celia era la organizadora de todo. Ella decidía si se iba a preparar o mejorar el hospital, o qué escuelita íbamos a abrir.

Cuando hablamos de Celia tenemos que hacerlo también de Fidel y viceversa. En casi todas las cosas en el territorio estaba el pensamiento de Celia. Ella fue el alma de la Sierra Maestra. Era muy capaz, y a la vez muy sensible a las necesidades de los demás. No tenía una palabra ofensiva ni para el peor enemigo de la revolución. Era una persona muy querida por todos. Y nosotros, los guerrilleros, la consideramos la madre del Ejército Rebelde, por su actitud firme y fiel. Y por ser también así en la guerra.

Celia se encargaba de organizar todas esas actividades en la Sierra, no sólo de los hospitales y las escuelas, sino también de la comandancia, que se estableció en 1958. Se ocupaba de los

3. En abril de 1958, el Ejército Rebelde creó una escuela de reclutas en Minas del Frío en la Sierra Maestra. Su primer director fue Ernesto Che Guevara.

talleres de costura, la armería, el traslado de mercancía, los mensajeros. Si una mujer estaba pariendo en la Sierra, si un campesino estaba enfermo y había que llevarle un medicamento, Celia se encargaba de eso. Después del triunfo revolucionario mantuvo esa dedicación, esa preocupación. Yo siempre estuve cerca de ella, hasta el final de su vida. Era la persona más humana, más sencilla, que había.

Celia en verdad tenía influencia en el pueblo. Para los campesinos de la Sierra Maestra, hablar de Celia es hacerlo de una persona muy querida, algo que ellos sienten como propio, como de un familiar muy querido, alguien muy nuestro a quien sentimos que vive. Siempre la tenemos presente en nuestro trabajo y en nuestra vida diaria.

MADRID: Mencionaste los talleres de costura y la armería que Celia ayudó a establecer. ¿Para qué los utilizaban?

PUEBLA: En la Sierra los uniformes de los rebeldes los hicieron los talleres de costura. La ropa era muy pobre, pero lo más importante es que podíamos hacer uniformes. El taller de la armería se creó porque no teníamos armas suficientes y las mismas bombas que nos tiraban, esas que no explotaban, se llevaban para ese taller. Y allí se hacían los M-26, a los que también llamábamos "sputniks". El M-26 era un explosivo que se lanzaba con una especie de catapulta hecha de un fusil. Las cargas se hacían de las bombas lanzadas por la dictadura y que no explotaban. Los guardias le tenían terror.

También se hacían minas, que se les ponían a los tanques cuando iban subiendo a la Sierra o en cualquier otro lugar. Si esa mina le explotaba a un tanque, hasta allí llegaba. Nosotros no teníamos otras armas para combatir contra esos tanques.

Che Guevara

MARTÍN KOPPEL: Llegaste a ser miembro de la columna de Guevara por un tiempo. ¿Cómo sucedió eso?

PUEBLA: En noviembre de 1957, me enfermé, me dieron fiebres muy altas. Tras verme el doctor Martínez Páez decidió que me tenía que quedar restableciéndome. Así es que me quedé en el campamento del Che en El Hombrito.[4] Desde que el Che me vio, se preocupó por mí. Se mantenía preguntando que cómo me sentía, si sentía mejoría. Aquello era una atención constante. Desde ese momento pude ver lo humano que era. Pero la verdad es que así nos trataba a todos.

El Che, claro está, era combatiente y jefe. Pero siempre cumplía su función de médico. Si un compañero resultaba herido, él mismo se preocupaba de atenderlo. Hacía lo mismo si tenías un dolor de cabeza, se interesaba en saber qué te pasaba, el origen del problema y la solución. Cuando a algún combatiente le dolía una muela, y él tenía que sacársela, eso sí que lo disfrutaba. Los campesinos lo iban a buscar a todas horas. El incluso atendió partos en la Sierra.

A la vez enseñaba, a varios compañeros, a muchos, los alfabetizó. Estaba pendiente de que los que no sabían leer y escribir aprendieran, y eso era tanto con los combatientes del Ejército Rebelde, como con los campesinos.

Se preocupaba también si uno tenía problemas personales, y veía cómo te ayudaba a resolver una situación familiar. No podía ver desanimado a nadie. Si podía, en seguida buscaba las causas y cómo resolverlas. En su personalidad se notaba algo que lo distinguía del resto de los compañeros.

Para nosotros era como un padre o un hermano mayor. Sabía cómo sentar relaciones de respeto y disciplina, pero no por ello dejaban de ser de afecto, fraternales. Eso explica que sus hombres lo admiraran, que lo quisieran tanto. Por lo cual se mostraban dispuestos para cualquier misión que les encomendara.

Por aquella época, cuando estaba en El Hombrito, se dio el combate de Mar Verde, donde cayó Ciro Redondo. Al regreso, el Che hizo una reunión para darnos un informe de la acción. Al hablar de los caídos, vimos cómo le rodaron las lágrimas.

4. En julio de 1957, el Ejército Rebelde creó una segunda columna en la parte oriental de la Sierra Maestra, al mando de Che Guevara. Su base estaba en El Hombrito, donde estableció talleres, hospitales y escuelas.

Aquello nos impactó muchísimo. Ahí estaba ese gran guerrero, pero que era capaz de llorar ante ese dolor, ante la pérdida de un gran guerrillero y amigo.

A la vez, era un hombre que amaba la poesía. Había días muy fríos y de mucha lluvia, y como no podíamos salir a caminar, él aprovechaba para leernos poemas. No sabemos si eran propios o de otros autores. La cosa es que amaba la poesía.

Ya para diciembre de 1957 me reincorporé a la columna de Fidel. No fue sino hasta la etapa de la ofensiva de la dictadura, a mediados de 1958, que lo volví a ver.

Una misión peligrosa

MADRID: ¿Qué pasó durante esa ofensiva?

PUEBLA: En mayo de 1958, el ejército desplegó una ofensiva en la Sierra Maestra. Se enfrentaban 10 mil soldados contra nuestros 300 rebeldes, e, incluso, teníamos menos armas. No pasaban de 200. Y algunas no eran armas regulares, sino armas como el M-26 del que hablaba, que hacíamos en la Sierra. Pero los derrotamos, causándoles muchas bajas, tomamos muchos prisioneros —algunos se dejaron capturar varias veces—, hasta que por fin en julio se tuvieron que retirar.[5]

Cuando la ofensiva se estaba terminando, participé en la entrega de prisioneros —guardias de Batista—, a la Cruz Roja Internacional.

WATERS: ¿Cuál era tu misión?

PUEBLA: Teníamos varios centenares de prisioneros. Y éramos tan pocos que no podíamos cuidar a tanta gente. Entonces Fidel le envió una carta a la Cruz Roja Internacional, proponiéndole

5. A finales de mayo de 1958, el ejército batistiano lanzó una ofensiva de "cerco y aniquilamiento", enviando 10 mil soldados a la Sierra Maestra. El Ejército Rebelde concentró algunas de sus fuerzas para enfrentar a la tropa de la dictadura. Para cuando la ofensiva del ejército fue derrotada en julio de 1958, el Ejército Rebelde había infligido más de mil bajas a las fuerzas de Batista, llegaba a 800 combatientes y había capturado 600 armas. Valiéndose de esta victoria, el Ejército Rebelde pasó a la ofensiva, la cual culminó con el triunfo revolucionario el primero de enero de 1959.

que les íbamos a entregar esos prisioneros a ellos. Se dirige a la Cruz Roja aquí en Cuba y no al régimen de Batista. Para hacer la entrega, se necesitaba una tregua con el ejército de Batista. La dictadura no quería aceptar la tregua, porque al hacerlo estaban aceptando la derrota. Pero la Cruz Roja Internacional sí aceptó.

Se decide que sea yo la mensajera de la tregua. Por aquel entonces sólo tenía 17 años. Se me escogió porque pensamos que si iba un compañero lo habrían matado; si iba una mujer, posiblemente no le tiraban.

Se determinó que por mi juventud, y que no era una muchacha fea en aquel momento, el ejército aceptaría la tregua y no le tiraría al mensajero rebelde.

Fue entonces que el Che habló conmigo.

"Bueno, Teté", me dijo, "pueden pasar tres cosas. Pueden aceptar la tregua y no va a pasar nada. Te pueden matar" —o sea, me podían disparar antes de llegar a ellos— "o te pueden llevar prisionera para Bayamo".

"De todas maneras la tregua hay que conseguirla y entregar los prisioneros", le contesté, "y aquí estoy, en disposición de hacerlo".

Entonces, se lavó y se planchó mi único uniforme verde olivo. Y salí a las 5:30 ó 6:00 de la mañana de los Altos de Mompié.

Iba en un mulito, con una banderita blanca, desarmada y acompañada por un campesino del área. Iba con mi pelo largo suelto, y mi brazalete del Movimiento 26 de Julio. Así fui bajando la Sierra Maestra, hacia la zona que estaba dominada por los guardias de Batista. Nosotros estábamos en el firme del macizo montañoso de la Maestra, y toda la parte de abajo la dominaba el ejército batistiano.

Calculamos que hasta donde estaban ellos eran unas dos horas y media, que yo llegaría a las 8:30, más o menos, y que estaría de regreso para el mediodía. Pero, cuando los aviones empezaron a bombardear tuve que tratar de protegerme de la metralla, se me escapó el mulo y tuve que continuar a pie, y sólo pude llegar donde estaban ellos al mediodía. Al acercarme, mostré un pañuelo blanco, para que los soldados no dispararan.

En la primera posta, me dieron el alto y me preguntaron qué quería. Les dije que llevaba un mensaje de nuestra comandancia general para el oficial al mando. Los soldados me miraron con rostros amenazadores, y me dijeron que se los diera a ellos. Les dije que no. Me llevaron hasta donde estaba el jefe, el capitán Durán Batista.

Entonces tuve que esperar que Merob Sosa llegara a Las Vegas de Jibacoa; él estaba en Bayamo. Merob Sosa era de los oficiales más sanguinarios que tenía la dictadura. Y yo debía darle el mensaje que mandaba el Che.

En esa carta, el Che les pedía que dejaran entregar a los prisioneros, por lo que se requería la tregua. Todavía tengo esa carta.

Después de leer la carta, Durán Batista me dijo: "Te tienes que quitar ese brazalete". Y agregó: "A los guardias se les ha dicho que los que se van a entregar son rebeldes".

Y le respondí: "Los guardias tienen que saber que no son rebeldes los que se van a entregar. Porque el último de nosotros muere en la Sierra combatiendo antes que rendirse. Y yo no me puedo quitar ese brazalete. Usted no sabe lo que significa, es el símbolo de nuestra lucha".

De inmediato me propuso llevarme para Bayamo. Era ofensivo y me preguntó que cómo yo, una muchacha tan bonita, estaba con esos "piojosos". Afirmó que la guerra se estaba terminando a favor de ellos. Le contesté que eso no era así y le argumenté cómo realmente éramos nosotros los que estábamos entregando guardias, no rebeldes.

¡Y aceptaron la tregua!

Cuando llegué a nuestro campamento ya eran como las 6:00 p.m. Se pensaba lo peor de la misión, porque yo tenía que haber regresado por el mediodía. Estaban muy preocupados. El verme de regreso fue impresionante para todas nuestras fuerzas. Al acercarme observé que Fidel, el Che, Camilo y toda nuestra gente me estaban esperando. Me cargaron por encima de aquella tropa, que saltaba jubilosa, tirándome por encima de unos y

SIERRA MAESTRA, JULIO 22 DE 1958

AL COMANDANTE DESTACADO
EN EL PUESTO DE LAS VEGAS

Señor:
Cúmpleme el comunicarle que, procediendo con lo acordado por la Cruz Roja Internacional, entregaremos hoy, en horas de la tarde, el primer lote de prisioneros heridos. La portadora, compañera Teté Puebla, del servicio de Sanidad de nuestro Ejército, es la encargada de hacer conocer a Ud. las disposiciones finales que hemos tomado para el caso.

A las 2 p.m., siempre que durante las horas habituales no haya bombardeos, caso en que deberemos retrasar algunas horas el envío de los prisioneros, estos estarán en territorio bajo su mando militar. Debo advertirle que la casa donde efectuaremos la entrega pertenece a un señor cuyo nombre es Bismark, desconociendo su apellido; esta casa está situada a unos 500 metros de sus posiciones habituales y hasta ella deberá ir el delegado de la Cruz Roja Internacional, con su correspondiente documentación. Pueden acompañarlo en este acto los camilleros y los oficiales que así lo desean, armados o no, pero siempre bajo la garantía de la citada Institución.

Las alturas que dominan la casa elegida estarán dominadas por nuestras fuerzas, no permitiéndose el avance de la tropa a su mando por esas alturas, lo que sería considerado por nosotros como una violación de la tregua.

La entrega de los prisioneros no se hará hasta recibir la contestación afirmativa sobre el plan propuesto con una firma responsable y por intermedio de la misma mensajera. Cualquier atropello a la investidura de la mensajera dará por resultado la ruptura de las negociaciones y, por consiguiente, de la tregua impuesta en esta parte del frente de batalla.

Debo comunicar al delegado de la Cruz Roja Internacional que tienen que estar listos para recibir, probablemente el día de mañana, un nuevo grupo de heridos cuya gravedad no permite un traslado violento pues han sido sometidos a operaciones de urgencia. Pronto estaremos en condiciones de dar su número.

Se complace en saludarlo

f/CHE

COMANDANTE DE LA COLUMNA 8 "CIRO REDONDO"

otros, por la alegría de verme llegar, al comprobar que no me había pasado nada malo, y con la respuesta positiva de los guardias de Batista.

Y esa misma noche me dicen: "Bueno, tienes que volver".

La respuesta que redactó el Che, se la llevé al capitán Durán Batista.

Llegué al campamento del ejército a las 10 de la noche. Me dieron el alto. Expliqué lo mismo que la vez anterior, que llevaba un mensaje de nuestra comandancia general para su oficial al mando. Me dejaron pasar y me llevaron a un bohío donde estaba el capitán Durán Batista. Le di el mensaje.

Durán Batista quería evitar, a toda costa, que hablara con los guardias, por lo que me dio su camita y se acostó en una hamaca a mi lado para vigilarme. Yo no podía dormir en medio de esos guardias. Esperé a que el capitán se durmiera, y salí a las trincheras. Les fui diciendo a los guardias que los que se iban a entregar no eran rebeldes, sino que eran soldados. Afirmé una y otra vez en aquellas horas que el último de nosotros moría peleando en la Sierra. Después dijeron que había sido la noche más confiada que pasaron, sabían que los rebeldes no atacarían estando yo allí.

Me preguntaban, "¿Qué armas tienen ustedes, qué cantidad, cuántos son?" Y para probarme me mostraban un arma y me

GRANMA

Combatientes del Ejército Rebelde asisten a los miembros de la Cruz Roja Internacional durante la entrega de soldados heridos del ejército batistiano, julio de 1958.

SIERRA MAESTRA, JULIO 22 DE 1958

SR. CAPITÁN CARLOS DURÁN BATISTA
LAS VEGAS DE JIBACOA

Estimado Capitán:
Contesto urgentemente su comunicación de esta fecha (. . .) enviaré los heridos más graves sin esperar la llega de la Cruz Roja Internacional.

Estos heridos están algo alejado de aquel puesto y, dado los pésimos caminos de la Sierra, no puedo adelantarle una hora fija de llegada. (. . .) Le reitero la seguridad de que la tregua será estrictamente cumplida por nosotros. No obstante, queremos saber el alcance exacto de la misma (. . .). Para nosotros son necesarias 48 horas a partir de la llegada del delegado de la Cruz Roja Internacional, anunciada por radio para las 2 p.m. del día de mañana. (. . .).

(. . .) por orden expresa de nuestro Comandante en Jefe, Fidel Castro, entregaremos, además de los heridos, a todos los sobrevivientes del Batallón 18 de Infantería, dirigido por el Comandante Quevedo, que se rindieran a nuestras fuerzas. (. . .).

Si fuera posible dejaríamos la mensajera en ese puesto para que nos comunique a la brevedad el arribo del delegado de la Cruz Roja Internacional. (. . .)

Deseando estrechar su mano en más felices circunstancias para Cuba. (. . .).

COMANDANTE DE LA COLUMNA NO. 8 "CIRO REDONDO"

decían, "¿Qué es esto?", para que yo lo identificara. Afortunadamente, aunque no había combatido con ellas, yo sabía manejar todas esas armas.

Al fin llegó la Cruz Roja Internacional, y regresé con la respuesta allá arriba.

Entonces bajaron el Che y Faustino Pérez junto a los prisioneros, más de 200 marchando en fila india, rendidos y desmoralizados. Muchos se apoyaban en bastones hechos de ramas, o en los hombros de sus compañeros. A los heridos más graves los llevamos en hamacas.

Desde las puertas o las ventanas de sus bohíos, los campesinos veían pasar aquella extraña caravana; era algo que nunca habían visto. La veían con pena, por los prisioneros, y con alegría, porque esos prisioneros eran símbolo del odiado régimen, de sus atropellos y de sus crímenes.

Al llegar, empezamos a entregar a los prisioneros. Y aunque eran guardias del ejército de Batista, hubo una compenetración entre nuestra tropa y los prisioneros, a tal punto que en aquel momento no se sabía quién era guardia y quién era rebelde.

En aquel momento éramos cubanos todos, aunque nosotros combatíamos por el pueblo y por nuestra revolución, y ellos defendían una dictadura que asesinaba y destruía.

Allí se encontraron hermanos, primos, cada uno en ejércitos opuestos. Fue algo muy bonito. Esa fue la primer tregua que se hizo con el ejército de la tiranía. Duró 48 horas.

En esa ocasión entregamos 253 prisioneros, entre ellos 57 heridos.

Tras cumplir mi tarea como mensajera, para conseguir una tregua, salí a Santiago de Cuba en tres ocasiones para abrir nuevas vías de comunicación. Escaseaban la comida y los medicamentos y la planta de Radio Rebelde estaba rota. Esos viajes los hice antes que se crearan las Marianas. Pero nuestro principal anhelo seguía siendo ganarnos el derecho de combatir.

El Pelotón Femenino Mariana Grajales

Waters: La fundación del Pelotón Femenino Mariana Grajales marcó un hito en la Revolución Cubana. Demostró en la práctica la trayectoria social por la que pelearía el victorioso Ejército Rebelde. Como dijo Carlos Marx, uno puede juzgar cualquier sociedad a partir de la condición de la mujer.

¿Qué condujo a la formación de la unidad?

Puebla: Al iniciar la dictadura la ofensiva militar en mayo de 1958, el ejército recrudeció la represión contra la población de la Sierra. Dondequiera que iban, las fuerzas del ejército violaban mujeres, mataban niños, bombardeaban y quemaban caseríos completos. Hacían que los campesinos se fueran de la Sierra. Sánchez Mosquera fue uno de los peores comandantes del ejército de la dictadura, pero había otros.

Anunciaban que habían matado a muchos miembros del Ejército Rebelde. Pero no era así, sino a inocentes campesinos, a quienes sacaban de sus bohíos a punta de pistola. Amarraban a los hombres a un palo y violaban a las mujeres. Así exterminaban a familias completas.

Bombardeaban caseríos enteros, como el de Cayo Espino, donde no había objetivo militar alguno. Nuestro comandante incluso habló de esto allá el 15 de abril de 1958. Fueron crímenes que a los que estábamos allí nos llegaron muy hondo. Eso nos laceraba.

Allí, en Cayo Espino, hubo un bombardeo muy grande, donde resultó herido Orestes Gutiérrez, un niño de cinco años. Le arrancaron sus piernas y le hirieron a su familia. Todos en la Sierra sabíamos de la historia de este niño, quien tomó a su abuelita de la mano y le dijo: "Abuelita, ya no te voy a poder querer más porque me voy a morir". Murió también su abuelo. Sus dos hemanitas fueron heridas, pero hoy viven gracias a que los médicos del Ejército Rebelde les dieron atención inmediata. El bombardeo se produjo en un área donde no había tropas rebeldes.

En Oro de Guisa, en toda esa zona campesina quemaron las casas, y a la gente cuando huía la apresaban, la violaban o asesinaban. Aquellos crímenes nos llenaban de valentía y determinación. Y aunque veníamos haciendo muchas cosas esenciales, nos sentíamos frustradas al no poder combatir con un fusil en la mano. Y dijimos: "¡Nos tienen que dejar combatir!"

Ya estaba probado que la mujer podía hacer de todo. Aguantábamos los bombardeos, trasladábamos las armas y estábamos en los lugares donde se estaban desarrollando los combates. Pero aún no nos dejaban combatir.

"Si la mujer tiene que participar en todas las tareas de la revolución", dijimos, "¿por qué no combatir por la revolución en la misma forma que combaten nuestros hombres?"

Después que la ofensiva del ejército había sido derrotada, le pedimos al Comandante en Jefe que nos dejara combatir con el fusil en la mano. Él estuvo de acuerdo, Fidel dijo que sí, que la mujer se había ganado el derecho de luchar con el fusil en el enfrentamiento directo con el enemigo.

El 4 de septiembre de 1958 se hizo una reunión, una especie de mesa redonda allí. Fidel agrupó a su estado mayor en aquel momento, es decir, a los que quedaban en la Sierra Maestra, pues ya habían salido las tropas invasoras —las columnas 2 y 8 al mando de Camilo Cienfuegos y de Ernesto Che Guevara—, y en Oriente ya se habían creado el segundo y tercer frentes.[1]

1. En marzo de 1958, el Ejército Rebelde fundó un segundo y tercer frentes, dirigidos por Raúl Castro y Juan Almeida respectivamente, para extender la guerra desde la Sierra Maestra al resto de la provincia de Oriente (ver el mapa en la pág. 23). En los meses subsiguientes se crearon dos nuevas columnas para lanzar la "invasión" de las provincias centrales y occidentales de Cuba. Estas eran la Columna 8, dirigida por Ernesto Che Guevara, y la Columna 2, al mando de Camilo Cienfuegos.

> El pasado jueves 10 de abril, después del combate del Pozón, donde fue destruido por completo un destacamento de la dictadura, salido de Yara a perseguir una patrulla rebelde que atacó un convoy en la carretera de Manzanillo-Bayamo, tres aviones B-26, un "jet" de retropropulsión y dos aviones ligeros atacaron inmisericordes, durante dos horas, el poblado rural de Cayo del Espino, donde no existía objetivo militar alguno. No quedó una sola casa que no fuera batida por la metralla. Un hospital de sangre improvisado en la retaguardia con tres médicos del 26 de Julio atendió a los heridos, que debieron esperar la noche para ser trasladados. Un niño de cinco años se desangró en el trayecto y murió en la mesa rústica que se improvisó, de operaciones, con las piernas arrancadas por una bala calibre .50 de avión, que hirió también a sus dos hermanitas.
>
> FIDEL CASTRO, 15 DE ABRIL DE 1958

En esa mesa redonda hubo un debate que duró más de siete horas. Fidel tuvo una discusión muy grande. Aún no teníamos armas suficientes para todos, y los hombres decían: "¿Cómo se le va a entregar un fusil a las mujeres con tantos hombres desarmados?"

Fidel respondía: "Porque son mejores soldados que ustedes. Son más disciplinadas".

"Y de todas maneras", decía, "yo voy a hacer el pelotón y les voy enseñar a tirar".

Entonces ese 4 de septiembre se formó el Pelotón Femenino Mariana Grajales. Como explicaba, Isabel Rielo pasó a ser la jefa. A mí me nombraron segunda al mando. El pelotón lo llegamos a integrar 13 combatientes. El Comandante en Jefe escogió ese nombre en homenaje a Mariana Grajales, heroína de nuestra guerra de independencia, y madre del legendario general An-

FUERZAS ARMADAS REVOLUCIONARIAS

Fidel Castro con miembros del Pelotón Mariana Grajales. Desde la izquierda: Lola Feria, Edemis Tamayo, Teté Puebla, Fidel Castro, Isabel Rielo, Celia Sánchez, Lilia Rielo, Eddy Suñol.

> El pelotón de mujeres rebeldes Mariana Grajales entró en acción por primera vez en este combate, soportando firmemente, sin moverse de su posición, el cañoneo de los tanques Sherman.
>
> FIDEL CASTRO, OCTUBRE DE 1958

tonio Maceo que luchó heroicamente por más de 30 años en las guerras de independencia de Cuba.

Fue Fidel quien nos enseñó a disparar. Teníamos que partir una peseta —una moneda cubana de 20 centavos— desde 20 ó 30 metros, dependiendo de como él quisiera medir nuestra puntería. Y nos puso a practicar: debíamos partirle aquella peseta al medio.

Incluso, el que Isabel Rielo fuera nombrada jefa se decidió en una práctica de tiro. Ese día ella tiró mejor que yo. Fidel había expuesto que quien tuviera mejor puntería sería nombrada jefa del pelotón.

Se determinó también que el arma nuestra sería el fusil M-1, porque era más liviano. Fidel mandó a hacer que nuestra escuadra completa tuviera M-1. Aunque no nos practicó con M-1, sino con Garand y con todo tipo de otras armas. El decía que el M-1 era más fácil, pero que nosotras teníamos que saber tirar con cualquier arma. Ya después que aprendimos a tirar, al final lo último con lo que practicamos fue con el M-1.

Fue entonces que Fidel nos informó: "Ahora ustedes van a ser mi guardia personal".

Desde ese día, cuando él iba a un lugar, la gente comentaba, "Vienen las Marianas, llegará el Comandante". Éramos su avanzada. Lo hizo para demostrar su confianza en las mujeres, en la igualdad de la mujer.

Algunos hombres decían: "Si los guardias les echan una lagartija, van a dejar abandonado el fusil y a salir corriendo". Pero era un problema de celos, porque Fidel afirmaba, "Ellas son mejores soldados que ustedes".

MADRID: ¿El pelotón incluía a todas las mujeres en la Sierra?

PUEBLA: No, había otras compañeras que servían como enfermeras en los hospitales, como maestras, o en los talleres de costura. El pelotón de las Marianas lo formaban las mujeres en la Sierra que quisieran incorporarse al combate.

El primer combate en que participamos fue el de Cerro Pelado, el 27 de septiembre de 1958. Ese fue el bautismo de fuego de las Marianas. Allí participó el pelotón completo.

Fue un combate muy duro, recuérdese que el enemigo tenía artillería. El área se había convertido en el último reducto de todos los soldados de la dictadura que habían salido del territorio. Teníamos que combatir para sacarlos de la Sierra Maestra. Murieron cinco compañeros allí, de nosotras ninguna fue herida. Fidel hizo referencia al respecto.

Fidel fue y habló con Eddy Suñol, uno de los oficiales que más se oponía, y le dijo, "Hay una misión. Te vamos a mandar al llano, pero tienes que llevar a las muchachas".

Ahí mismo el comandante Eddy Suñol dijo que no. "Yo no voy con esa gente al llano".

Francamente, fue obligado a que nos llevara. Fidel le dijo, "O te llevas a las muchachas o no vas". Suñol nos llevó, pero lo hizo a regañadientes.

Llegamos a Holguín la noche del 20 de octubre. El primer combate fue al amanecer el 21 de octubre, cerca de la presa de Holguín, donde nos sorprendieron dos camiones y un jeep con guardias de la dictadura.

Prácticamente estábamos cercados, no teníamos retirada. Y los soldados estaban a menos de 10 minutos de donde estábamos nosotros. Acordamos que nos matarían combatiendo, pero rendirnos, nunca.

WATERS: La guardia debió estar sorprendida de verlas a ustedes.

PUEBLA: Sí, porque nunca antes habían visto a mujeres combatiendo.

Al regreso, en el puesto de mando, cuando se dio el parte de guerra, preguntaron: "¿Cómo fue la conducta de las mujeres? ¿Cuál fue su actitud?" Después de ese combate, ya todo el mun-

> Tengo que decirle que después de haber sido uno de los principales opositores a la integración femenina, me encuentro hoy completamente satisfecho y lo felicito a usted una vez más porque nunca se equivoca. Siempre creí que en esto se había equivocado. Quisiera que viera, aunque fuera en una película, para verlo reír de satisfacción, la acción de Teté principalmente, y también la de sus compañeras, que a la voz de avance, mientras algunos hombres se quedaban rezagados, hacen vanguardia con un valor y una serenidad que tiene que merecer el respeto y el reconocimiento de todos los rebeldes y de todo el mundo.
>
> EDDY SUÑOL, CARTA A FIDEL CASTRO, OCTUBRE DE 1958

do dijo que la mujer puede combatir a la par del hombre. La Radio Rebelde lo estuvo anunciando. Tuvimos dos heridos y nos llevamos 11 fusiles.

MADRID: ¿Y Eddy Suñol?

PUEBLA: Eddy Suñol le mandó a decir a Fidel que lo disculpara por oponerse a él en el tema de las mujeres, y reconocía que tenía la razón. Porque ese combate le demostró que lo que Fidel decía de las mujeres era correcto. Que éramos tan buenos soldados como los hombres.

MADRID: ¿Las 13 participaron en el combate de Holguín?

PUEBLA: No, sólo cuatro habíamos salido con el comandante Eddy Suñol, porque el pelotón se había dividido en dos. El otro grupo se quedó en la comandancia y participó en los combates de Guisa y Maffo, los que fueron dirigidos por Fidel.

Fidel pensaba hacer dos unidades de mujeres, pero, bueno, la guerra termina antes de que eso se pudiera hacer.

Pocos días después, las Marianas combatimos de nuevo, esta vez al frente de la tropa.

Ese fue el combate de Los Güiros, que se dio el 2 de noviembre. Fue en la carretera, el mismo día de las elecciones. El objetivo era obstruir las elecciones e impedir el paso de los guardias.[2]

Ese combate también fue muy duro. Nos hirieron a Suñol, nuestro comandante, y los otros oficiales que estaban allí tuvieron que sacarlo, era una carretera estrecha. Iban la compañera Isabel, quien era doctora, junto con el compañero Omar Iser Mojena y el compañero Flavio Quesada. Nos quedamos dirigiendo el combate nosotras. Quedé al frente de las tropas por ser la combatiente de mayor graduación.

WATERS: Siempre fue un principio del Ejército Rebelde rescatar a los combatientes heridos, ¿cierto?

PUEBLA: Sí, cuando caía un rebelde prisionero los guardias le hacían de todo. Le sacaban los ojos, le arrancaban sus partes. Nosotros nunca dejábamos a ningún rebelde para que cayera prisionero. Por mi parte, yo siempre guardé una balita, y que aún la guardo. Isabel Rielo y yo hicimos un pacto de sangre de que si caía una de nosotras herida, sin posibilidades de salvarle la vida, o si caíamos presas, la otra debía salvarla de esas torturas matándola de antemano.

Porque, si el ejército de la dictadura cogía a cualquiera de nosotras prisionera, nos violaban, nos torturaban. Yo me decía: ¡Eso no!

No dejábamos atrás a nuestros heridos; y en lo posible tampoco dejábamos a nuestros muertos.

MADRID: ¿Qué impacto tuvo en las fuerzas rebeldes el hecho que Suñol resultara herido?

PUEBLA: Fue un golpe duro, pero a pesar de eso el pelotón no se desorganizó. Como dijo el Comandante en Jefe, "al herir al jefe, las mujeres, presentes".

KOPPEL: ¿Cuántas Marianas participaron?

PUEBLA: Éramos cuatro, y capturamos a casi todos los del grupo. Y tomamos todas las armas. Para ellos fue una sorpresa que fué-

2. El régimen de Batista había organizado elecciones generales para el 3 de noviembre de 1958, en un intento de darle un manto de legalidad a la dictadura. El Movimiento 26 de Julio hizo un llamado para que se boicotearan las elecciones y organizó acciones para obstaculizarlas. En medio de un abstencionismo masivo, fue declarado electo Andrés Rivero Agüero, candidato batistiano para presidente.

> En las proximidades de Holguín, el pelotón de mujeres sostiene un combate muy duro con tropas del ejército, el enemigo le hiere gravemente al jefe; por regla general una patrulla, un pelotón, tenía el hábito de retirarse cuando le herían al jefe, cosa que no es correcta, pero era un poco cierto hábito, al producirse la muerte o la herida grave del jefe. El pelotón había atacado un camión de soldados, y a pesar de que le hirieron grave al jefe no se desalentó, continuó el combate, liquidó el camión y le ocupó todas las armas. Fue un comportamiento realmente excepcional.
>
> FIDEL CASTRO, 20 DE ENERO DE 1981

ramos nosotras quienes los apresaron.

En Holguín, en 1998, después de la ceremonia del 40 aniversario de la fundación del IV Frente, que estuvo encabezado por Delio Gómez Ochoa, nos encontramos con un guardia de estos que cogimos presos en aquel combate. En ese acto hablé yo en nombre del frente nuestro. Cuando terminé, abajo me estaba esperando un compañero. Me pregunta, "¿Tú no me conoces Teté?" Le contesto que no, y él dice, "Soy el Quepis". La compañera Lilia Rielo también estaba allí, y las dos nos soltamos a carcajadas. Vinieron los periodistas y nos preguntan: "¿Por qué ustedes se ríen tanto?"

Sucede que durante el combate de Los Güiros habíamos tomado preso a un soldado. Cuando estábamos por retirarnos, los aviones comenzaron a ametrallar y todos nos metimos debajo de las matas. Menos él, que se quedaba afuera.

Y nosotros lo llamábamos, "Casquito, casquito, ven para acá". Así nombrábamos de forma despectiva a los guardias de Batista. Y él, que lo sabía, decía, "No, no me voy para allá". Hasta que entonces le dijimos una mala palabra, que no voy a repetir aquí. Y él insistía, "Quepis, no casquito". El caso es que, además, los clases del ejército no usaban cascos. Los cabos y sargentos

CORTESÍA DE TETÉ PUEBLA

Miembros del Pelotón Mariana Grajales en las afueras de La Habana, enero de 1959. Desde la izquierda: Olga Guevara, Ada Bella Acosta, Isabel Rielo, Teté Puebla y Lilia Rielo.

—quienes en el ejército de Batista recibían un salario más alto—, tampoco querían que los confundieran con los soldados rasos. Por ello, en ese momento demoraba tanto en defenderse de la metralla, hasta que por fin lo hizo.

Todos nos reímos al acordarnos de esto. Y tuvimos que explicárselo al colectivo. A propósito, este casquito o quepis, hoy es militante del Partido Comunista de Cuba, es un constructor del socialismo.

WATERS: ¿Y cómo cambió la actitud de los combatientes hombres hacia ustedes?

PUEBLA: Con esos combates, los hombres tenían ante ellos la participación nuestra. No nos quedábamos rezagadas nunca. Siempre íbamos a la par de ellos, o delante de ellos. Ya no había diferencia. Y eran combates difíciles pues cada arma nuestra tenía pocos tiros. O sea que la condición de combatiente de la mujer cubana la ganamos peleando. A Fidel le gusta decir que el Pelotón Mariana Grajales fue precursor del papel de la mujer en la defensa de nuestra patria.

WATERS: ¿Dónde estabas cuando triunfó la revolución el primero de enero de 1959?

PUEBLA: En ese momento estábamos en Bayamo, donde participamos en diferentes acciones hasta el propio instante del triunfo. Allí Fidel nos mandó a buscar para que nos incorporáramos con él a la Caravana de la Libertad.[3]

Isabel Rielo y yo terminamos la guerra con grado de primer

3. Ante las victorias militares del Ejército Rebelde y una creciente insurrección popular, Fulgencio Batista huyó de Cuba el primero de enero de 1959. Un intento auspiciado por Washington para reemplazar a Batista con otro oficial del ejército e impedir la victoria del Ejército Rebelde, fue derrotado mediante una huelga general nacional convocada por Fidel Castro en nombre del Ejército Rebelde y del Movimiento 26 de Julio y el rápido avance hacia La Habana de las columnas de Che Guevara y Camilo Cienfuegos. Las principales columnas del Ejército Rebelde viajaron entonces desde Santiago de Cuba a La Habana entre el 2 y el 8 de enero en una Caravana de la Libertad, organizando movilizaciones de masas a su paso por las principales ciudades. La caravana entró a La Habana el 8 de enero, recibiendo una tumultuosa bienvenida por la población de la ciudad.

> Se ha demostrado que no sólo pelean los hombres, sino pelean las mujeres también en Cuba. Y la mejor prueba es el Pelotón Mariana Grajales, que tanto se distinguió en numerosos combates. Y las mujeres son tan excelentes soldados como nuestros mejores soldados hombres. Y yo quería demostrar que las mujeres pueden ser buenos soldados.
>
> Al principio la idea me costó mucho trabajo, porque tenían muchos prejuicios. Porque había hombres que decían que cómo se le iba a dar un rifle a una mujer mientras quedara un hombre. Porque la mujer en nuestro frente es un sector que necesita ser redimido, porque es víctima de la discriminación en el trabajo y en otros aspectos de la vida.
>
> Y organizamos las unidades de mujeres, que demostraron que las mujeres pueden pelear. Y cuando en un pueblo pelean los hombres y pueden pelear las mujeres, estos son pueblos invencibles. Y la mujer de este pueblo es invencible. Tendremos organizadas las milicias o combatientes femeninos, y las mantendremos entrenadas, todas voluntarias. Y estas jóvenes que ahí veo con los vestidos negros y rojos del 26 de Julio, yo pido también que aprendan a manejar las armas.
>
> FIDEL CASTRO, SANTIAGO DE CUBA, 2 DE ENERO DE 1959.

teniente, y además había cinco tenientes. Fui ascendida a capitana el 24 de mayo de 1959.

Al terminar la guerra, en su discurso del 2 de enero de 1959, Fidel dijo que "cuando en un pueblo pelean los hombres y pueden pelear las mujeres, estos son pueblos invencibles".

A 43 años de revolución Fidel sigue diciendo lo mismo. O sea que las mujeres hemos tenido en Fidel nuestro apoyo mayor, el mejor defensor.

Solidaridad social: la base moral de la revolución

WATERS: Fidel a menudo ha dicho que con lo difícil que fue derrocar al régimen de Batista, los desafíos más grandes comenzaron después del primero de enero de 1959. El Ejército Rebelde y el Movimiento 26 de Julio tuvieron que dirigir al pueblo trabajador a tomar el poder político que habían conquistado, para transformar las relaciones sociales de arriba abajo, y defender la revolución del ataque de la clase dominante estadounidense y su gobierno.

¿Qué tareas se te encomendaron tras el triunfo de la revolución?

PUEBLA: El 8 de enero de 1959, cuando nos íbamos a nuestras casas pensando coger un descanso, me dijo el comandante: "Tú vas a atender la provincia oriental, a dirigir el Departamento de Asistencia a las Víctimas de la Guerra y sus Familiares", el cual estaba subordinado al Ejército Rebelde en ese territorio. Teníamos que atender a los afectados por todos los crímenes que había cometido la dictadura: las casas quemadas, las ofensivas mayores desatadas en la provincia de Oriente. Ese departamento tenía como consigna: "Ante el dolor, la patria no distingue. Salvar un niño es hacer patria".

Entonces a comienzos de 1959 estuve en la provincia de Oriente, para atender a las víctimas de la guerra y a sus familiares. En esto trabajamos muy cerca de Celia y de Fidel. La labor se inició el 4 de febrero de ese año.

Fue un trabajo muy gratificante. De todo lo que he hecho en mi vida, esto es lo que me ha dado el mayor orgullo: haber ayudado a todas estas personas.

CORTESÍA DE TETÉ PUEBLA

Celia Sánchez (izquierda) y Teté Puebla, en 1979, poco antes de la muerte de Sánchez, en una recepción para campesinos que colaboraron con el Ejército Rebelde.

Cuidar de las víctimas de guerra es una tradición de nuestro pueblo que se remonta a los días de la Sierra Maestra.

Ahí tienen el ejemplo de Eutimio Guerra, uno de los campesinos que se incorporó a la lucha y que ayudó en los primeros días. Pero que traiciona y se vende a los guardias de la dictadura por dinero. Su misión era matar a Fidel. Sin embargo, se le descubre y es fusilado. Pero después atendimos a su familia. Se le daba 50 pesos mensuales, sin tener nuestra guerrilla dinero. Se les entregó una vaca para que alimentaran a sus muchachos. Sus cuatro hijos, al igual que su viuda, se incorporaron plenamente al proceso revolucionario.

Entonces en Oriente empezamos por atender a todas las víctimas de la guerra. Todo lo que destruyó la dictadura de Batista.

En aquellos momentos cuidábamos a un niño campesino, a quien le habían matado al padre y a la madre, le habían quemado su casa. Y como el ejército nuestro es un ejército del pueblo, nos dedicamos también a reconstruir todas esas casas que había quemado el ejército de Batista. Recogimos a todas esas familias porque les habían quitado las tierras, los habían sacado de los trabajos, les habían hecho barbaridades.

Los masferreristas —de los que hablaba ahorita, que metían a la gente en un saco, les echaban gasolina y los quemaban—, esos asesinos perversos estaban en todas esas zonas orientales y también asolaban pueblos.

Pero también las familias de esos asesinos fueron atendidas. A sus hijos se les dio la misma atención que a los hijos de los rebeldes. Por eso, con toda honestidad, podemos hablar de lo grande y humana que es nuestra revolución. Que sin dinero, a sus hijos se les dio la misma atención y la misma escuela que a los hijos de un rebelde. Los hijos, las madres y las viudas no tenían la culpa de los asesinatos que el ejército de la dictadura había cometido. Entonces se les dio la misma atención. A las escuelas de adultos asistían viudas de soldados de Batista y de combatientes rebeldes.

MADRID: ¿Hubo quienes no querían hacer eso?

PUEBLA: Todos aceptamos esa indicación. Decíamos: "Si el

Comandante dice que es así como actúa una verdadera revolución, entonces así tiene que ser".

En Oriente se hicieron escuelas para los huérfanos, así como hogares infantiles. A esas escuelitas se les ponían nombres de mártires de nuestra revolución, de los que habían caído en combate. Era una tradición nuestra que venía desde la Sierra Maestra. En Santo Domingo, donde estuve durante la guerra, a una escuelita se le puso Pastor Palomares, un compañero que cayó en combate.

En el pueblo había mucho odio hacia aquellos asesinos del ejército batistiano, y todo el mundo sabía quiénes eran los asesinos. Al llegar a una escuela con algunos de estos muchachos no podíamos decir de quién eran hijos. Los únicos que sabíamos éramos los que estábamos a cargo de ellos. Así es que los protegíamos. Esos muchachos, esas muchachas, en la actualidad son médicos, ingenieros, graduados universitarios. Son parte de la revolución. Tengo 18 huérfanos de guerra que son mis hijos también y de ellos tengo nietos.

Las viudas y las madres de los miembros del ejército de Batista cobran pensión, y así ha sido durante 43 años de nuestro proceso revolucionario.

Hay algo muy característico de la revolución, se llama humanidad. Amor a las demás personas, amor a la familia, amor al pueblo, a todos los pueblos del mundo que sufren la injusticia. Nos identificamos con todos los pueblos del mundo que luchan contra la miseria y el hambre. Sentimos lo mismo por los cientos de millones de niños que en el mundo están abandonados, en las calles, en busca de medios para subsistir, pero entre ellos no hay ninguno nuestro aquí en Cuba. Porque incluso en aquellos momentos, sin dinero, esta revolución fue capaz de recogerlos a todos, de quitar el niño de la calle. Si la revolución no fuera de esta forma ya no existiría. Y eso comenzó con Fidel. Esos principios de la revolución son la base moral de nuestra lucha.

WATERS: Después de los primeros años, ¿cómo se siguió ese trabajo?

PUEBLA: Primero atendimos todas las consecuencias de la guerra. Después vino el Escambray y luego Girón.[1] A todas esas familias de los asesinados en el Escambray, durante la Lucha Contra Bandidos, se les atendió. Se ayudó también a las familias de esos asesinos. A sus niños se les dio escuela. A sus viudas y a sus mamás se les atendió en todos los aspectos. Tampoco ellos quedaron en la calle.

En agosto de 1964 fui trasladada a La Habana y nombrada responsable de las Granjas Infantiles para huérfanos de guerra y soldados rebeldes y de Seguridad Social del Ejército Occidental. Cumplí esa tarea hasta 1966.

MADRID: ¿Qué eran las Granjas Infantiles?

PUEBLA: Se crearon escuelas para los huérfanos de guerra, a las que les llamábamos granjas. A estas escuelas iban tanto los hijos de los rebeldes como los hijos de los guardias de Batista. Recuerden que el lema del departamento era: "Ante el dolor, la patria no distingue".

En todas las provincias se crearon escuelas. Aquí en La Habana hubo otras escuelas que se les puso nombres como Ciro Frías, Ramón Paz, Osvaldo Herrera y los de otros compañeros que cayeron en la guerra. En Holguín, no hallábamos qué nombre ponerle a una escuela —yo quería a todos esos compañeros—, entonces le puse Mártires de la Revolución, por no ponerle el nombre de sólo uno de los compañeros de los tantos que quería honrar.

En abril de 1966 fui trasladada al Estado Mayor en la unidad especial que dirigía Sergio del Valle para atender las necesidades de los familiares de los que salían a cumplir misiones internacionalistas.

1. La sierra del Escambray en la zona sur central de Cuba fue el principal teatro de operaciones de una batalla librada por la Revolución Cubana entre 1959 y 1965 contra bandas contrarrevolucionarias armadas y financiadas por la CIA.

Playa Girón en la Bahía de Cochinos, al oeste del Escambray, fue el sitio de una invasión en abril de 1961 por parte de unos 1 500 mercenarios organizados y abastecidos por Washington. La invasión fue derrotada en 72 horas.

Ver glosario, Playa Girón; Lucha Contra Bandidos.

Me ha tocado atender a esas familias desde que salieron los primeros voluntarios para Argelia, para el Congo, Vietnam, Angola, Etiopía, para todos los lugares del mundo.[2] Me he ocupado de todas sus familias, a fin de que no tengan que preocuparse si algo sucede. Después, he atendido a todos los impedidos físicos que cumplieron misiones internacionalistas.

Y no hemos traído riquezas ni recursos de estos países. Solamente regresamos con nuestros muertos. Pero los compañeros que cayeron cumpliendo misiones internacionalistas no murieron en vano. Murieron por la revolución, por defender los principios de nuestra revolución, según solicitudes de movimientos amigos en diferentes partes del mundo.

2. En 1963 soldados cubanos fueron a Argelia, a solicitud del gobierno revolucionario de Ahmed Ben Bella, para combatir una invasión de ese país lanzada por Marruecos instigada por el imperialismo.

En 1965, dirigidos por Che Guevara, voluntarios cubanos pelearon junto a las fuerzas de liberación nacional en el Congo contra mercenarios belgas y sudafricanos respaldados por Washington. (*Ver,* Víctor Dreke, *De la sierra del Escambray al Congo: En la vorágine de la Revolución Cubana* [Nueva York: Pathfinder, 2001], para un relato testimonial del segundo al mando de la operación, subordinado a Che Guevara).

Durante la guerra de liberación nacional de Vietnam contra la agresión norteamericana en las décadas de 1960 y 1970, voluntarios internacionalistas cubanos brindaron su cooperación. Entre esos voluntarios estuvo una unidad cubana de construcción militar que ayudó a los vietnamitas a construir el llamado Camino Ho Chi Minh, que sirvió para abastecer a los combatientes de liberación en Vietnam del Sur.

Entre 1975 y 1989, más de 300 mil combatientes internacionalistas cubanos cumplieron misión en Angola, para ayudar a defender a ese país de una invasión sudafricana y de un levantamiento respaldados por los imperialistas y apoyados, entre otros, por Washington.

En 1977, Cuba respondió a una solicitud del gobierno de Etiopía para ayudar a derrotar una invasión apoyada por Washington lanzada por el régimen de la vecina Somalia, con miras a ocupar la región del Ogadén. Washington planeaba usar una victoria somalí como trampolín para ayudar a echar atrás la redistribución de tierra y otras medidas que se habían adoptado en Etiopía tras el derrocamiento en 1974 de la monarquía del emperador Haile Selassie, que estaba basada en los latifundistas.

Abriendo la puerta a la igualdad social de la mujer

WATERS: A muchos por el mundo les interesa tu historia porque ayuda a captar lo que la Revolución Cubana ha significado para la mujer. ¿Cuáles han sido algunos de los principales cambios?

PUEBLA: El primer gran esfuerzo fue el de la campaña de alfabetización, que empezó ahí, en el Ejército Rebelde. En las fuerzas armadas había un departamento para eso.

En 1958 ayudé a Celia a organizar escuelitas en la Sierra Maestra. Allí no había escuelas, pero sí muchos niños analfabetos. Nuestras mujeres en los campos también eran analfabetas, lo mismo que muchos de los combatientes rebeldes.

Cuba fue el primer país del mundo en que se erradicó el analfabetismo.[1] La mujer fue parte de esa lucha, especialmente las jóvenes. Fue una incorporación masiva de los jóvenes y niños a la alfabetización, jóvenes de 10, 11 y 12 años enseñando a otros, incluyendo adultos, a leer y a escribir. Las mujeres eran más de la mitad de los voluntarios alfabetizadores. Y, naturalmente, el

1. Desde finales de 1960 hasta 1961, el gobierno revolucionario emprendió una campaña para eliminar el analfabetismo. Un aspecto central de ese esfuerzo para enseñar a leer y escribir a un millón de cubanos fue la movilización de 100 mil jóvenes para que fueran al campo, donde vivieron junto a los campesinos y trabajadores a quienes alfabetizaban. Como resultado de esa campaña, Cuba prácticamente eliminó el analfabetismo. Durante la campaña de alfabetización nueve participantes, tanto estudiantes como maestros, fueron asesinados por contrarrevolucionarios, los cuales eran organizados, armados y financiados por Washington.

nivel de analfabetismo era más elevado entre mujeres que entre hombres.

Después pasé un tiempo en la sección de enseñanza en el estado mayor del Ejército Oriental, desde febrero de 1963 hasta agosto de 1964. Como responsable de enseñanza en el Ejército Oriental, me tocaba la ubicación de maestros para alfabetizar a los rebeldes, quienes también eran analfabetos.

WATERS: ¿Cómo se organizó a las mujeres en los primeros años de la revolución? ¿Desempeñaste un papel directo en eso?

PUEBLA: Sí, antes del triunfo de la revolución la mujer era un objeto, un adorno de cama. Después de la revolución esto cambió. Y la mujer comenzó a organizarse de forma masiva, trabajando para cambiar las condiciones de su vida y liberarse.

El 23 de agosto de 1960 se unieron varias organizaciones y se formó la Federación de Mujeres Cubanas (FMC). Vilma Espín fue su presidenta. Se unió en una sola organización a todas las agrupaciones femeninas que había entonces.

Desde un comienzo, la federación trabajó en la integración de las mujeres en la lucha a través de su incorporación al trabajo.[2] Porque cuando la mujer empieza a trabajar fuera del hogar, organiza su vida, y se forma. Esto ocurre a través de todas las etapas de la revolución, y entre las mujeres de todas las edades y de todas las profesiones.

Antes del triunfo, había muchas mujeres que venían del campo y trabajaban como criadas en las casas de los señores. Entonces la federación abrió escuelas para ellas. Se creó el plan de la Escuela Ana Betancourt aquí en La Habana, en nombre de una combatiente de la guerra de independencia de 1868. Algunas de

2. En 1958, antes del triunfo de la revolución, sólo había 194 mil mujeres empleadas —menos del 20 por ciento de la fuerza laboral—, el 70 por ciento de las cuales trabajaba como empleadas domésticas. Para comienzos de la década de 1990, la cifra ascendía a 1.4 millones, y las mujeres tenían trabajo en innumerables sectores a los que anteriormente a la mujer no se le había permitido acceso. Actualmente, la mujer en Cuba constituye el 42 por ciento de la fuerza laboral. En 1994, la cifra comparable en Estados Unidos era del 46 por ciento.

"Empecé en el Movimiento 26 de Julio a la edad de 15 años. La situación política en Cuba era crítica".

OFICINA DE ASUNTOS HISTÓRICOS DEL CONSEJO DE ESTADO

Arriba: mujer y niños campesinos tras ser desalojados de su finca por la plantación azucarera Francisco Sugar Co., de propiedad norteamericana, en la provincia de Camagüey.

Abajo: la policía de Batista ocupa y saquea la Universidad de La Habana, 21 de abril de 1956; al frente, de lentes, está Rafael Salas Cañizares, uno de los asesinos más notorios del régimen. La universidad permaneció cerrada hasta que cayó el régimen batistiano el primero de enero de 1959.

BOHEMIA

BOHEMIA

Arriba: manifestación en la Universidad de La Habana pocos meses después del golpe militar del 10 de marzo de 1952. Los estudiantes portan un ataúd en el que llevan la constitución de 1940, sepultando de forma simbólica el estado de derecho bajo el régimen de Batista. **Abajo:** 31 de julio de 1957: en Santiago de Cuba la policía dispara cañonazos de agua contra mujeres que protestan el asesinato del dirigente del Movimiento 26 de Julio Frank País perpetrado por la dictadura el día anterior. **Página opuesta:** concentración en Santiago de Cuba protesta el asesinato de William Soler, de 15 años de edad, por la policía el 2 de enero de 1957. Al frente, de chaqueta clara, está la madre de Soler.

"Lo que nos hizo unirnos a la lucha fueron los abusos, los atropellos, la tortura, los asesinatos cometidos por la dictadura de Batista y sus esbirros. Casi el grupo completo de los jóvenes del pueblo nos unimos a la lucha".

BOHEMIA

FOTOS: GRANMA

Arriba: el ejército batistiano durante un desalojo de campesinos en la Sierra Maestra. **Abajo:** Rolando Masferrer, empresario pro batistiano y político, quien dirigió el escuadrón de la muerte conocido como los "Tigres de Masferrer". La foto, de enero de 1959, fue tomada cuando salía del centro del Servicio de Inmigración y Naturalización en McAllen, Texas, tras ser admitido a Estados Unidos. **Página opuesta, arriba:** escuela del Ejército Rebelde para niños y familias campesinos, una de más de 400 creadas en 1958 en el territorio del II Frente Oriental dirigido por Raúl Castro. **Abajo:** taller de fabricación de armas y municiones, en ese mismo frente.

“Nosotros combatíamos por el pueblo y por nuestra revolución, y ellos defendían una dictadura que asesinaba y destruía”.

FOTOS: FUERZAS ARMADAS REVOLUCIONARIAS

Arriba: miembros del Pelotón Femenino Mariana Grajales en la Caravana de la Libertad, enero de 1959. La caravana viajó desde Santiago de Cuba hasta La Habana, y fue acogida con grandes muestras de apoyo popular en cada ciudad y cada pueblo. Desde la izquierda: Teté Puebla, Eloísa Ballester, Lilia Rielo. **Abajo:** Raúl Castro Mercader conduce jeep en San Andrés, Holguín, con (de izquierda a derecha) Lilia Rielo, Teté Puebla e Isabel Rielo a finales de 1958, luego que la ciudad fuera liberada por el Ejército Rebelde. **Página opuesta, arriba:** Fidel Castro con miembros del pelotón, 8 de octubre de 1958, cuando partía a una misión en el llano. Desde la izquierda: Fidel Vargas, Lola Feria, Edemis Tamayo, Teté Puebla, Fidel Castro, Isabel Rielo, Celia Sánchez, Lilia Rielo, y Marcelo. **Abajo:** Celia Sánchez (tercera desde la izquierda) en Holguín durante la Caravana de la Libertad, con (desde la derecha) Isabel Rielo, Teté Puebla, Lilia Rielo y dos milicianas.

“Algunos hombres decían: ‘¿Cómo se le va a entregar un fusil a las mujeres con tantos hombres desarmados?’ . . .

FOTOS: CORTESÍA DE TETÉ PUEBLA

OFICINA DE ASUNTOS HISTÓRICOS DEL CONSEJO DE ESTADO

INSTITUTO DE HISTORIA DE CUBA

Arriba: combatientes del Ejército Rebelde, 1958. Haydée Santamaría, seguida por Celia Sánchez y Universo Sánchez. **Centro:** Violeta Casals, ex actriz de televisión quien en 1958 pasó a ser una prominente locutora de Radio Rebelde, que transmitía desde la Sierra. **Abajo:** Che Guevara, segundo desde la izquierda, con la mensajera del Ejército Rebelde Lidia Doce (sentada), en la Sierra Maestra. En septiembre de 1958, durante una misión, Doce fue capturada y brutalmente asesinada por las fuerzas batistianas.

. . . Fidel respondía: 'Porque son mejores soldados que ustedes. Son más disciplinadas'".

GRANMA

Arriba: miembros del Pelotón Mariana Grajales después de participar en la Batalla de Guisa, noviembre de 1958: Angelina Antolín, Ada Bella Acosta, Rita García y Eva Palma, junto a otro combatiente.

RAÚL CORRALES

MIL FOTOS CUBA

MIL FOTOS CUBA

Arriba: una de las primeras milicias revolucionarias marcha en La Habana, 1959. **Centro:** asamblea en que se fundó la Federación de Mujeres Cubanas (FMC), 23 de agosto de 1960. Al centro está Vilma Espín, presidenta de la organización. **Abajo:** trabajadoras de una fábrica de la Industria Nacional Productora de Utensilios Domésticos (INPUD) en Santa Clara, inaugurada el 24 de julio de 1964.

"Antes del triunfo de la revolución, la mujer era un objeto, un adorno de cama. Después de la revolución, la mujer comenzó a organizarse de forma masiva. La revolución trabajó en la incorporación de las mujeres a la lucha y al trabajo".

CORTESÍA DE ALICIA IMPERATORI, FMC

GRANMA

Arriba: estudiantes del primer curso de la Escuela Ana Betancourt para campesinas, 1960. Estas mujeres fueron a La Habana, donde aprendieron a leer y escribir, y oficios como costura y bordado. Tras su graduación, recibieron máquinas de coser para que las llevaran a sus casas e instruyeran a otras. **Abajo:** brigadas voluntarias emplearon materiales provistos por el gobierno para construir viviendas de familias campesinas como ésta, la mayoría de las cuales anteriormente había vivido en bohíos. A la derecha, una máquina de coser como las que se dio a las graduadas de la Escuela Ana Betancourt.

Durante la campaña de alfabetización de 1961, más de 100 mil jóvenes brigadistas —en su mayoría mujeres— fueron al campo para enseñar a leer y escribir a un millón de campesinos y trabajadores cubanos. **Arriba:** brigadistas en la concentración del 22 de diciembre de 1961, que marcó el cumplimiento victorioso de la campaña. **Abajo:** madre e hija aprenden juntas en San Lorenzo, Sierra Maestra. **Página opuesta, arriba:** Engracia Blet, de Baracoa, la primer campesina en recibir título de propiedad de su tierra bajo la reforma agraria cubana, con un ejemplar del 10 de diciembre de 1959 del periódico *Revolución* informando de ese histórico suceso. Poco después se entregaron más de cien mil títulos a medio millón de miembros de familias campesinas anteriormente sin tierra. Antes de la revolución, pocas campesinas tenían título de propiedad sobre la tierra que labraban.

RAÚL CORRALES

"Antes de la revolución la mayoría de nuestras campesinas eran analfabetas. Nuestro país fue el primero del mundo que erradicó el analfabetismo. La mujer fue parte de esa lucha, especialmente las jóvenes. Eran más de la mitad de los voluntarios alfabetizadores".

GRANMA

FLAX HERMES / PERSPECTIVA MUNDIAL

Izquierda arriba: trabajadores voluntarios cubanos marcan el Primero de Mayo de 1980 en Granada, durante la revolución de 1979–83 en ese país. **Derecha arriba:** maestros cubanos en Etiopía, durante sus ejercicios dominicales de preparación para el combate, 1984. **Abajo:** miembros del Regimiento Femenino de Defensa Antiaérea, en Angola, septiembre de 1988. Al centro, de blusa clara, está Vilma Espín.

ESTA Y LA FOTO ABAJO: JUVENTUD REBELDE

“Ha habido voluntarios cubanos en el Congo, Argelia, Vietnam, Angola, Etiopía. Las mujeres también han cumplido misiones internacionalistas. En Angola formamos los regimientos femeninos de defensa antiaérea”.

"Un pueblo donde las mujeres y los hombres han peleado y trabajado juntos es invencible".

Arriba: trabajadores de la tabacalera Héroes del Moncada, La Habana, 1994.

Abajo: el pueblo trabajador cubano recibe entrenamiento militar regular durante los ejercicios del Día de la Defensa.

Derecha: una compañía de mujeres de las Milicias de Tropas Territoriales durante prácticas de tiro en el Día de la Defensa.

ARGIRIS MALAPANIS / PERSPECTIVA MUNDIAL

GRANMA

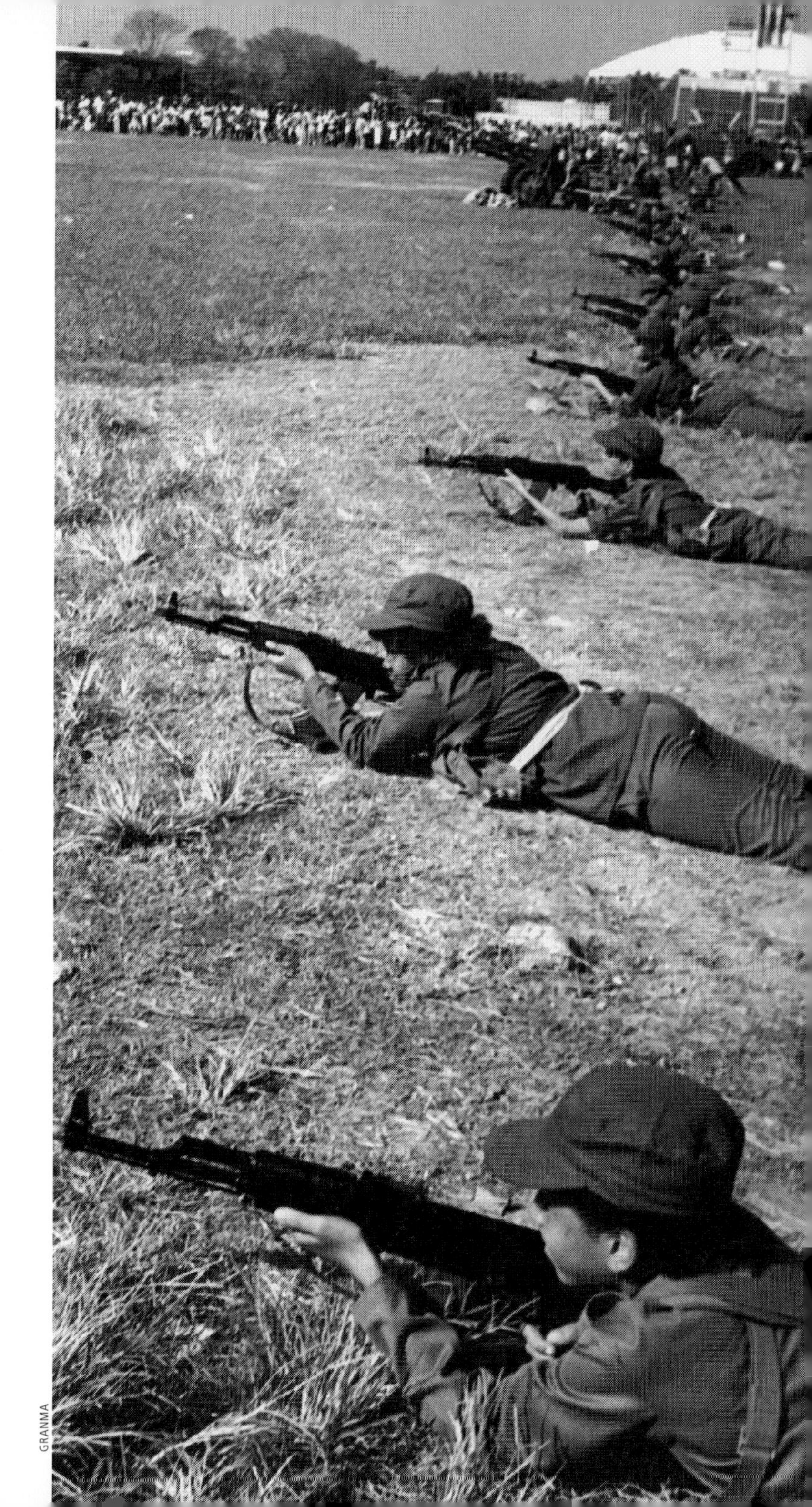

GRANMA

PERSPECTIVA MUNDIAL

"Hay algo muy característico de nuestra revolución. Se llama humanidad. Nos identificamos con todos los pueblos del mundo que luchan contra la miseria y el hambre. Si la revolución no fuera de esta forma ya no existiría".

MARTÍN KOPPEL / PERSPECTIVA MUNDIAL

GRANMA

Página opuesta, arriba: dirigentes juveniles cubanos Yanelis Martínez (centro) y Javier Dueñas (derecha) visitan el sitio donde Timothy Thomas, de 19 años, fue asesinado por la policía, Cincinnati, Ohio, abril de 2001. **Abajo:** el pueblo trabajador de Venezuela se manifestó desde los barrios obreros y tugurios de Caracas y otras ciudades contra el golpe de estado instigado por Washington contra el presidente Hugo Chávez, abril de 2002.

Arriba: jóvenes cubanos y norteamericanos discuten las luchas políticas en que están envueltos, durante sesión del Encuentro Juvenil Cuba-Estados Unidos en la Escuela de Trabajo Social, cerca de La Habana, julio de 2001. **Abajo:** jóvenes trabajadores del campo y de los barrios obreros de toda América Latina estudian medicina, de forma gratuita, en la Escuela Latinoamericana de Ciencias Médicas en La Habana.

“Enfrentamos un enemigo poderoso que exige más unidad, más tesón y heroísmo. Estos tiempos requieren de combatientes con espíritu guerrillero y rebelde. Ese es el espíritu de nuestro pueblo”.

BRIAN TAYLOR / PERSPECTIVA MUNDIAL

GRANMA

Arriba: efectivos de guardafronteras de las Fuerzas Armadas Revolucionarias afuera de la Base Naval estadounidense en Guantánamo, 1996.

Abajo: Primero de Mayo de 2002, concentración en La Habana exige la libertad de cinco revolucionarios cubanos, a quienes les fabricaron cargos y mantienen en prisión en Estados Unidos.

> La mujer cubana, doblemente humillada y relegada por la sociedad semicolonial, necesitaba de esta organización propia, que representara sus intereses específicos y que trabajara por lograr su más amplia participación en la vida económica, política y social de la Revolución.
>
> Guiada por este objetivo, la Federación de Mujeres Cubanas ha desenvuelto incontables y valiosas actividades en los más diversos campos. Ella ha contribuido a incorporar a más de medio millón de mujeres a la producción y los servicios; ha movilizado a la mujer en múltiples tareas de masas, como la defensa del país, la alfabetización, cursos de superación, tareas agrícolas, salud pública, solidaridad, estudios políticos y muchas otras, cuyo resultado más importante y decisivo ha sido el vuelco extraordinario operado en la conciencia política e ideológica de nuestra población femenina, que es sin duda una de las conquistas históricas más notables que hoy puede mostrar la Revolución.
>
> FIDEL CASTRO
>
> INFORME CENTRAL AL PRIMER CONGRESO DEL PARTIDO COMUNISTA DE CUBA, DICIEMBRE DE 1975.

las mansiones de Miramar, como en las que las mujeres solían trabajar, se convirtieron en escuelas y dormitorios para ellas. En la Escuela Ana Betancourt a las mujeres se les enseñó a leer y escribir, además de a coser y bordar. Cuando terminaron sus estudios, que se graduaron con sus títulos de corte y costura, Fidel mandó que a cada una se le entregara una máquina de coser, para que se las llevaran a sus casas. Ellas tenían el compromiso de usarlas para enseñar a otras. Uno veía después aquellas máquinas en las casas campesinas, en las montañas y el llano.

Me tocó ayudar a incorporar a las primeras campesinas a la Escuela Ana Betancourt.

Incorporar a la mujer del campesino, conseguir que los hombres aceptaran no era fácil. Existía el machismo. Algunos hombres decían, "Mi hija no va" o "Mi mujer no va". Y tuvimos que trabajar duro para incorporarlas al proceso revolucionario, y convencer al hombre de que teníamos que enseñarlas a coser como una ayuda para sus familias.

Durante los últimos años de la dictadura había también muchas prostitutas. Todas estas mujeres fueron incorporadas a la revolución. Se albergaron porque muchas eran del interior del país y no tenían casa en La Habana. Se crearon también escuelas para ellas y se les ubicó después en centros de trabajo.

Se hizo un trabajo muy grande con las mujeres que habían sido prostitutas en La Habana. Además, eso era cierto en todo el país, pero donde había más era en La Habana. Antes de la revolución incluso era un privilegio prostituirse en La Habana, porque eso les daba más posibilidades para irse del país.

Estas mujeres habían tomado el camino de la prostitución al no poder encontrar trabajo en el capitalismo. Pero la revolución acabó con todo aquello. La Federación de Mujeres Cubanas se destacó, desempeñó un papel muy importante en esta tarea.

Hoy nadie habla de quién fue prostituta, quién fue esto, quién fue lo otro. Y muy poca gente incluso lo sabe.

Erradicando prejuicios

KOPPEL: ¿Cómo se empezaron a eliminar los prejuicios contra la incorporación de la mujer a la fuerza laboral?

PUEBLA: En la Sierra Maestra fue más fácil la labor de incorporar a la mujer a las escuelas y al trabajo, porque los campesinos nos habían visto desde el inicio con ellos. Fue más difícil en los demás lugares; pero hay que tomar en cuenta el bajo nivel cultural que tenían antes de la revolución, el aislamiento y la falta de acceso a la educación.

Estos prejuicios aún eran fuertes incluso una década después del triunfo de la revolución.

Por orden directa del Comandante en Jefe, en marzo de 1969 fui nombrada Directora del Plan Ganadero Guaicanamar en Jaruco, provincia de La Habana. El dijo que me ponía en ese cargo para demostrar que la mujer podía dirigir igual que el hombre, que la mujer podía dirigir un plan agrícola, que las mujeres podemos dirigir en todos los frentes y realizar cualquier tarea de la revolución. Fidel nos saca a ocho directoras de plantas —entre ellas la compañera Isabel Rielo—, para demostrar que las mujeres podíamos dirigir en la agricultura también. Una de nuestras tareas era la incorporación de las campesinas al trabajo.

Cuando Fidel me lleva para la zona de Jaruco, los campesinos decían que conmigo no trabajaban. "Será capitana, pero conmigo no trabaja. La habrá traído el Comandante, pero yo con mujeres no trabajo".

Y al mes de estar allí, esos campesinos estaban junto a mí en el trabajo. El hecho de que trabajaba igual que ellos, de día, de noche, sábados, domingos, les dio la confianza, comprendieron que yo podía ser agricultora. Tenía que demostrar que era igual que ellos, demostrarles que las mujeres podíamos hacer de todo.

Y las mujeres también se fueron incorporando al trabajo en los campos. El partido, la federación de mujeres, los CDR,[3] todas las organizaciones desempeñaron allí su papel. Y se abrieron más de una docena de escuelas por aquella zona.

KOPPEL: ¿Hubo algo especial sobre la zona de Jaruco?

PUEBLA: Esta zona estaba dominada por la secta religiosa de los Testigos de Jehová, y había campesinos alzados contra la revolución, incluso algunos tuvieron que ser fusilados por sus crímenes. Pero sabíamos que podíamos incorporar a esos campesinos a la revolución, y esa era nuestra tarea fundamental.

Permanecí en ese cargo hasta 1978. O sea que fueron casi 10 años de trabajo político por allá. Hoy esa zona es parte de mi vida. Incluso todavía sueño con esos campesinos de allí. Me siento muy unida a ellos; son como familia.

3. Los Comités de Defensa de la Revolución fueron organizados en 1960 a nivel de cada cuadra como una organización de masas mediante la cual el pueblo cubano podía ejercer vigilancia contra las actividades contrarrevolucionarias. Los CDR también han servido como un vehículo para organizar la participación en las concentraciones de masas y en campañas de vacunación y otras de salud pública, defensa civil, lucha contra la delincuencia así como diversas tareas cívicas.

La mujer en la defensa

WATERS: Mencionaste antes de cómo el Pelotón Mariana Grajales fue precursor del papel de la mujer en la defensa de la Revolución Cubana. ¿Cómo se desarrolló esto en el transcurso de los años?

PUEBLA: Las mujeres en Cuba siempre han estado en primera línea: en el Moncada tuvimos a Yeyé [Haydée Santamaría] y a Melba [Hernández],[4] cuando el *Granma* y el 30 de noviembre tuvimos a Celia, a Vilma y a muchas otras compañeras. También hubo muchas compañeras torturadas y asesinadas.

Desde el principio ha habido mujeres en las Fuerzas Armadas Revolucionarias. Primero eran soldados, después sargentos. Las primeras oficiales fuimos nosotras, las que formamos el Pelotón Mariana Grajales. Las que terminamos la guerra con grado de oficial nos quedamos en las fuerzas armadas.

Había un regimiento femenino en el Batallón Guardafronteras en la base naval de Estados Unidos en Guantánamo, en Caimanera,[5] al mando de la teniente coronel Victoria Arrauz Caraballo, quien fue nombrada por el ministro de las Fuerzas Armadas Revolucionarias segunda jefa del Batallón Guardafronteras que cubre ese territorio.

Hay mujeres en todas las unidades militares. Son coronelas, capitanas, mayores. Las mujeres también han cumplido misio-

4. El 26 de julio de 1953, unos 160 revolucionarios al mando de Fidel Castro lanzaron un ataque insurreccional contra el Cuartel Moncada del ejército en Santiago de Cuba, y un ataque simultáneo contra el cuartel de Bayamo, dando inicio a la lucha armada revolucionaria contra la dictadura batistiana. Tras fallar el ataque, las fuerzas de Batista masacraron a más de 50 de los revolucionarios capturados. Fidel Castro y otros 27 combatientes, entre ellos Raúl Castro y Juan Almeida, fueron procesados y recibieron condenas de hasta 15 años de cárcel. Fueron excarcelados el 15 de mayo de 1955, luego que una campaña pública de defensa obligara al régimen de Batista a emitir una amnistía general para los prisioneros políticos.
5. Una referencia a la base naval norteamericana en Caimanera en la Bahía de Guantánamo en el sudeste de Cuba, establecida poco después de la ocupación militar norteamericana de Cuba en 1898. Desde 1959 la han retenido a pesar de la demanda del gobierno cubano de que se le devuelva.

nes internacionalistas. Y fueron a Angola, a Etiopía y a otros lugares. Para la época de la misión en Angola habíamos formado los regimientos femeninos de defensa antiaérea. Las compañeras del regimiento que enviamos a Angola fueron integradas a las distintas unidades de combate.

WATERS: ¿El regimiento femenino de defensa antiaérea aún existe?

PUEBLA: No, porque las mujeres están integradas a todas las unidades militares, lo mismo están de antiaéreas, de tanquistas, de cualquiera de las especialidades militares. Están listas para cualquier situación. Están preparadas para combatir.

WATERS: El ejemplo de las unidades femeninas de combate —el Pelotón Mariana Grajales, el regimiento femenino antiaéreo— es algo que en verdad ilustra las conquistas de la Revolución Cubana y el apoyo de la dirección a la igualdad de la mujer. En Estados Unidos nosotros no demandamos unidades femeninas de combate. ¡Nos oponemos a cualquier cosa que fortalezca a las fuerzas armadas imperialistas! Sin embargo, a menudo señalamos que la formación de tales unidades en diversos momentos de la Revolución Cubana demuestra lo que la revolución socialista cubana ha significado para la mujer. En las fuerzas armadas norteamericanas no hay unidades femeninas de combate, y muy pocas mujeres en puestos en frentes de combate.

PUEBLA: Aquí ese derecho nos lo ganamos en la guerra revolucionaria, y sigue en las unidades de tanques, en la artillería y en otras unidades. Hoy día hay escuelas militares con nivel universitario: el ITM [Instituto Técnico Militar José Martí] —donde se estudian especialidades de aviación, coheteriles, computación, comunicaciones, entre otras ingenierías—; las Escuelas Interarmas Antonio Maceo en La Habana y la José Maceo en Santiago de Cuba —donde se estudian todas las armas como tanques, artillerías, infantería, política e ingeniería—; la Academia Naval Granma —donde se estudian las especialidades navales tanto militares como civiles—; la Escuela de Tropas Especiales Baraguá; la Escuela de Contrainteligencia Arístides Estévez; y la Academia Superior Máximo Gómez. En todas están presentes las mujeres, tanto en su condición de profesoras como de cadetes, y en las diferentes especialidades. La mujer avanza hasta donde puede de acuerdo a su capacidad.

Eso empieza desde los camilitos, o sea los estudiantes de preuniversitario de las Escuelas Militares Camilo Cienfuegos, en honor a quien tanto aman los jóvenes, un guerrillero excelente.

MADRID: ¿Hay muchas jóvenes entre los camilitos?

PUEBLA: Sí, como no. Cada provincia del país tiene escuelas vocacionales militares, o sea, tenemos escuelas militares en todo el país, además de las escuelas de milicias.

Las mujeres empiezan en los camilitos en el décimo grado. Son las *camilitas*. Esas escuelas son para muchachos y muchachas. Antes de terminar el grado 12, ya han escogido en qué escuela superior van a continuar estudios, según la especialidad escogida. Podría ser el ITM, donde se gradúan de ingenieros o abogados. O podría ser la escuela de medicina, para ser médicos militares. Y también hay científicas, en otras especialidades, incluso civiles.

KOPPEL: ¿Qué tipo de entrenamiento militar reciben las muchachas en la escuela?

PUEBLA: En las escuelas primarias hay una clase militar en el círculo de interés. En las escuelas hay círculos de interés en muchas áreas: química, economía, enfermería, nutrición, medicina, policía. Y círculos de interés militares. Yo tengo mis nietos —uno de 10 años, una de 5, uno de 8 y otra de 12— y todos ellos reciben su clase militar en el círculo de interés al que se integran en la escuela. Ellos quieren saber cómo combatir si nuestro país es agredido.

KOPPEL: ¿Todo el mundo aprende a usar armas?

PUEBLA: Sí, están las caseticas de tiro para las prácticas, y todo el mundo practica. Aquí todos saben cómo disparar, incluso los jóvenes.

Se traen miembros de la Asociación de Combatientes de la Revolución Cubana[6] para que les den la técnica a los miembros

6. Formada en 1991, organización de combatientes veteranos del Ejército Re-

del círculo. Otras veces se trae a las escuelas a miembros activos de las Fuerzas Armadas Revolucionarias para que den la técnica que no tenemos en la Asociación. Otras veces son los muchachos del círculo de interés quienes van a la unidad militar.

Por eso decía que cada persona en nuestro país —mujeres, hombres y niños— sabe qué va a hacer si hay una guerra. Y cada cual se prepara. Dan la alarma y todo el mundo va para su lugar asignado, para su escuela, donde le corresponda, según el plan que conoce cada miembro de la familia.

Otra cosa es que tenemos establecido el Día de la Defensa, que se realiza cada tres meses. Se asigna un domingo como Día de la Defensa, y el pueblo se incorpora en prácticas para la defensa de la patria, incluso hasta las Brigadas de Producción y Defensa así como los grupos de evacuación.

Ese día yo me voy para mi municipio, por donde soy diputada, y me integro con el gobierno de mi territorio en los ejercicios de defensa. Toda mi familia participa. Tengo tres hijos y cinco nietos, el mayor de ellos está en octavo grado. Uno de mis deberes es, con el tiempo que tenga, el de ayudar a criarlos y educarlos, dándoles el ejemplo. Para nosotros la familia es importante. De mis tres hijos, Laura es abogada, Fidel es graduado en relaciones internacionales y Raúl es ingeniero de computación.

Durante el Día de la Defensa mis nietos participan en sus escuelas. Mi hija va a la reunión con la brigada de producción y defensa, pues no puede estar en una unidad de combate porque tiene niños pequeños. Hay todo tipo de tareas dentro de la revolución, y cada uno sabe lo que tiene que hacer.

En los parques de cada lugar se celebran actividades militares. Tienen su centro en su zona residencial, donde se llevan las armas, para que las mujeres y los niños aprendan a manejarlas.

belde, de la lucha clandestina urbana, Playa Girón, Lucha Contra Bandidos y de las misiones internacionalistas de Cuba. Está compuesta por más de 300 mil combatientes. Los miembros de la ACRC participan en tareas revolucionarias y desempeñan un activo papel en transmitir la historia y las lecciones de la revolución a las jóvenes generaciones.

CORTESÍA DE TETÉ PUEBLA

Los oficiales del Ejército Rebelde Teté Puebla y Raúl Castro Mercader al salir de la alcaldía en Yara donde se casaron el 20 de marzo de 1960. La banda es del Ejército Oriental.

Porque aquí no sabemos cuándo vamos a ser agredidos. Hemos vivido 43 años en esta situación. Es decir, nos acostamos pero no sabemos cómo vamos a amanecer. Y el pueblo tiene que estar preparado para defenderse.

WATERS: ¿Y la mujer en el servicio militar?

PUEBLA: Para las jóvenes el servicio militar no es obligatorio; pero hay mujeres que piden pasarlo. Se le llama Servicio Militar Voluntario. Y si lo cumplen y tienen buen comportamiento, se acogen a los beneficios de la Orden 18 de las Fuerzas Armadas Revolucionarias cubanas, que les permite incorporarse a estudiar en la universidad.

La Orden 18 de las fuerzas armadas permite que el recluta con buena conducta durante su segundo año de servicio militar curse estudios de preparación para presentarse a examen de ingreso para la carrera que elija. Depende del trabajo de cada individuo, de que el muchacho sea disciplinado y capaz. Es muy normal. Sirve para facilitar el paso del servicio militar a la universidad para los jóvenes de ambos sexos y de todo tipo de extracción social. Después, si pasan el examen de admisión, entran como estudiantes regulares. Y es para todos, lo mismo es para mujeres que para hombres, tanto para negros como blancos. En Cuba, desde 1959, la revolución erradicó la discriminación, lo que aparece establecido en su carta magna.

WATERS: ¿Cuáles son algunas de las razones por las que se adoptan distintas actitudes hacia el hombre y hacia la mujer en el servicio militar? ¿Qué problemas especiales enfrenta la mujer?

PUEBLA: La revolución ha traído un enorme progreso para la mujer. Pero todos reconocemos de que aunque hablamos de igualdad, de que el hombre tiene que compartir las tareas con la mujer en la casa, la verdadera igualdad aún no es totalmente plena. Asumen muchas tareas, pero cuando llegamos a casa tenemos que hacer o dirigirlo todo. Para la mujer no ha sido fácil durante estos 43 años de bloqueo. Las escaseces materiales han resultado más difíciles para nosotras que para el hombre, por las razones antes expuestas.

WATERS: ¿Cómo se manifiestan esas diferencias en el trato de las mujeres en las FAR? Como la cuestión del ausentismo, por ejemplo, y las medidas disciplinarias.

PUEBLA: Por lo regular, cuando la mujer se ausenta de la unidad es por situaciones por las que el hombre no pasa. Los padres tienen que cuidar de sus hijos. Si se le enferma un niño, a la mujer le toca atenderlo. Si la mujer va a tener su niño, necesita su licencia de maternidad. El hombre no pasa por estas cosas. Por eso en las fuerzas armadas se da una atención diferenciada a la mujer y al hombre.

Yo soy militar desde hace 46 años. Pero que yo recuerde, en las fuerzas armadas no hay casos de indisciplina por los que se haya tenido que sancionar y condenar mujeres a prisión por periodos largos. No recuerdo ningún caso.

No se ha fusilado a ninguna mujer desde que triunfó la revolución. A pesar de que hubo mujeres que cometieron graves crímenes, como cuando el periodo de las bandas contrarrevolucionarias a comienzos de la década de 1960. Una, a quien le llamaban "la Niña de Placetas", asesinó campesinos. Mató hasta a su propio hijo. Cuando se vio cercada por las tropas revolucionarias, ahogó a su propio hijo para que no llorara y que no la pudieran descubrir. Ella asesinó hombres, mujeres y niños. Después de que la capturaron y la enjuiciaron, no fue fusilada, en cambio la condenaron a largos años de cárcel.

A otra la llamaban "la coronela", porque su marido había sido coronel del ejército de Batista. Ella llegaba a las casas y, como sucedió en un caso en Bayamo —con la mamá de los hermanos Reyes—, decía, "Si me dan 3 mil pesos, no les matamos a sus hijos". Y los campesinos vendían sus vaquitas, lo vendían todo, para conseguir el dinero. Y ¿qué hizo esta ciudadana? Cogió a los cinco hijos de esa familia, y los tiró ya muertos a la puerta de la casa.

O sea que eran asesinas, pero no se fusilaron en nuestra revolución. En cambio, están cumpliendo severas condenas de prisión.

El Periodo Especial

WATERS: Mencionaste que las escaseces creadas por la guerra económica de Washington contra Cuba han golpeado a la mu-

> La presencia de las mujeres . . . no se trata de una cuestión política, o de una simple lucha por la igualdad —en esto se manifiesta, desde luego, la lucha por la igualdad, lo mismo que de otras muchas formas—, es una necesidad y es un potencial de fuerza extraordinario el que tenemos en la mujer como combatiente para la defensa de la patria. Por ello se decidió en cada Regimiento de Tropas Territoriales de capital de provincia, un batallón de mujeres. Es decir, cada provincia tendrá su batallón de mujeres; cada municipio tendrá, por lo menos, su compañía de mujeres.
>
> Creo sinceramente que estamos constituyendo una fuerza formidable, una fuerza extraordinaria que multiplicará la capacidad combativa de nuestras Fuerzas Armadas Revolucionarias y de nuestro pueblo.
>
> FIDEL CASTRO, 20 DE ENERO DE 1981

jer con más fuerza que al hombre, en especial en el hogar. Esto ha sido particularmente cierto durante el Periodo Especial que Cuba afrontó durante la última década.[7] ¿Cómo enfrentan las mujeres las dificultades cotidianas que el Periodo Especial ha originado?

PUEBLA: Si el gobierno tiene que reducir las horas pico de electricidad en determinados lugares, bueno, nos preparamos. Controlamos el uso de la electricidad. En estos momentos la energía eléctrica está estable. Pero debido a la agresión, al bloqueo que mantiene el gobierno de Estados Unidos contra nuestro pueblo, dependemos de entradas inciertas de petróleo. Hay límites de consumo.

7. Periodo Especial es el término empleado en Cuba para referirse a las condiciones económicas extremadamente difíciles que el pueblo cubano ha enfrentado desde comienzos de la década de 1990 y a las políticas que ante ellas ha puesto en vigor la dirección a fin de defender la revolución. *Ver Glosario,* Periodo Especial.

Y nos adaptamos. Cuando teníamos que bañarnos en la madrugada, lo hacíamos. Nos acostumbramos a eso. Se dejaban preparados los cubos de agua para poder cocinar cuando regresáramos. Si el apagón lo íbamos a tener a cierta hora, y había que lavar la ropa de los muchachos, lo hacíamos a la hora que pudiéramos. Nos hemos ido adaptando a todas estas situaciones, si no cómo íbamos a sobrevivir. En estos momentos se han adoptado medidas para que las afectaciones a la población sean menores.

Pero hay algo más que debemos señalar. Ninguna escuela nuestra se ha cerrado. Ningún niño se ha ido a la calle. Los hospitales se mantienen abiertos. Se brindan los medicamentos. A los médicos se les ayuda para que cumplan su labor.

MADRID: ¿Qué impacto ha tenido esta situación para las mujeres de las FAR? ¿Hay menos mujeres que antes?

PUEBLA: Tenemos menos efectivos en las fuerzas armadas activas. Pero en cuanto a las reducciones, a las mujeres se les ha tratado igual que a los hombres.

Pero, ¿qué son las fuerzas armadas cubanas? Somos el pueblo uniformado. Somos los hijos de Cuba. Nuestras fuerzas armadas no han estado ajenas a ningún dolor del pueblo. Hemos estado presentes en todas las tareas de la revolución.

Y hay que señalar algo más. Aunque hoy haya menos activos en las fuerzas armadas, el pueblo cubano está plenamente preparado para la guerra, si nos la llegaran a imponer.

Puede que haya jubilaciones de acuerdo a las necesidades de las fuerzas armadas en un momento dado. Pero aunque estén en retiro, si de nuevo tuvieran que ir a vivir una vida de combate, ya están listos para eso. Saben manejar sus tanques, sus cañones, sus ametralladoras. Están listos para la defensa; están preparados. Muchos han sido jefes de unidades militares. Nuestros oficiales y nuestros soldados, todos estamos listos para la defensa. El pueblo completo de Cuba está listo para la defensa. Todo el mundo está listo para la defensa de la patria. Todo el mundo, en ese sentido, ¡está en activo! Es lo que llamamos la Guerra de Todo el Pueblo.

Yo puedo jubilarme hoy o mañana. Pero estoy lista, ya sea en mi unidad de combate o en el trabajo político. Yo soy y siempre seré una mariana en combate.

En tiempo de guerra cada mujer sabe adónde tiene que dirigirse. No hablo sólo de nosotras que somos militares, hablo de la mujer de la cuadra. Sabe adónde tiene que ir, adónde tiene que llevar al niño, si le toca trabajar en una granja, si va para un hospital, si va para una escuela, cómo protegerse.

Han cometido muchas agresiones contra nosotros durante estos 43 años que llevan bloqueando al pueblo cubano, pero un pueblo donde las mujeres y los hombres han peleado y trabajado juntos es invencible. ¿Cómo van a derrotar a nuestro pueblo? ¿Cómo van a vencer a nuestra revolución?

GRANMA

Las trece miembros fundadoras del Pelotón Femenino Mariana Grajales en septiembre de 1988, con motivo del trigésimo aniversario de la fundación de la unidad.

‘La revolución es nuestra razón de ser’

WATERS: El gobierno norteamericano sabe perfectamente lo que enfrentaría si invade Cuba.

PUEBLA: Por eso no nos han agredido.

Están todos esos grupos contrarrevolucionarios que Washington patrocina aquí, con los que nos quieren armar motines y que se involucran en otras actividades. El gobierno no interviene porque la cuadra tiene su Brigada de Respuesta Rápida.[1] Estos grupos están controlados, y todo el mundo está listo para responder.

No pueden hacer nada, porque la revolución es nuestra, es del pueblo. No es de un grupito que quiera venir a decir: "Yo hago, yo soy". No, la revolución es del pueblo.

Hay algo que se dice mucho a nivel de cuadra: "A mí el enemigo no me toma la calle. Nuestra ciudad será defendida palmo a palmo, casa por casa. Iremos muriendo pero no nos van a tomar el pueblo".

Y ahí es importante la Asociación de Combatientes, aparte de los CDR, la FMC y el partido. El pueblo cubano está listo para defender su patria.

Como cuando nos mataron a Pérez Quintosa y a otros compañeros cuando un grupo intentó aquel secuestro en Tarará.[2]

1. Las Brigadas de Respuesta Rápida fueron constituidas en 1991 para movilizar a los residentes de la comunidad a fin de enfrentar cualquier acción contrarrevolucionaria promovida por Washington en Cuba.
2. En enero de 1992, el policía Rolando Pérez Quintosa y otros tres efectivos de seguridad cubanos fueron agredidos en Tarará, una playa al este de la

Como el 5 de agosto, que el propio Comandante fue al frente. Y todo el pueblo lo apoyó y ahí mismo se acabó, ese 5 de agosto.[3]

A veces nos preguntan, "¿Por qué ustedes siempre están pensando en guerra?" Pero no, no nos gusta estar pensando en la guerra, no nos gusta la guerra. Nos gusta la vida, nos gusta la alegría, el pueblo. Pero nos hacen vivir de esta forma por el bloqueo cada vez más fuerte que tenemos, que nos obliga a mantenernos alerta. Nuestros problemas son con el gobierno americano, con su bloqueo y todas las agresiones. Pero no con el pueblo de Estados Unidos. Ha habido una identificación de pueblo a pueblo.

Esto se pudo ver en el reciente caso del secuestro del niño Elián [González]. Por el apoyo del pueblo estadounidense y de otras partes del mundo, con la determinación del pueblo cubano, con estas marchas del pueblo combatiente, logramos que Elián retornara.[4]

capital, y asesinados por un grupo de siete atacantes, quienes intentaban secuestrar una lancha para irse a Estados Unidos. Enfrentados por la resuelta resistencia de los revolucionarios —a quienes les costó la vida—, los atacantes no lograron apoderarse de la lancha y tuvieron que huir. Todos fueron arrestados en cuestión de horas.

3. El 5 de agosto de 1994, una veintena de cubanos intentó secuestrar un bote en el puerto de La Habana para irse a la Florida. Ese mismo mes, habían ocurrido cuatro secuestros de barcos, incluido uno un día antes, en el que los secuestradores mataron a un joven policía cubano.

   El intento de secuestro del 5 de agosto fue repelido por los trabajadores portuarios y la policía de La Habana. Más tarde ese día, una multitud de varios cientos se congregó en el Malecón de La Habana, lanzando piedras y botellas contra la policía, hoteles y otros objetivos. Varios miles de trabajadores y jóvenes, partidarios de la revolución, se volcaron a las calles para responder a la provocación, aplacando, en efecto, el disturbio. Se les unió, a pie, el presidente Fidel Castro.

   Dos días después, el 7 de agosto, medio millón de cubanos rindió tributo al policía asesinado y manifestó en las calles de La Habana su apoyo por la revolución. Desde entonces, cada año, el 5 de agosto se celebra con concentraciones de masas y otros actos.

4. En noviembre de 1999, Elián González, de cinco años de edad, fue encontrado aferrado a una balsa en el Caribe después que su madre lo había sa-

Aquel pueblo quiere lo mismo que pedimos nosotros, que cese el bloqueo. Nosotros no tenemos nada contra el pueblo americano ni ellos contra nosotros.

El problema es el gobierno americano y esos cubanos que son traidores a la patria, muchos de los cuales fueron a parar a Miami. Entre ellos hay quienes sabotearon, quienes participaron en atentados contra Fidel, responsables de la muerte de muchos cubanos.

Está Jorge Mas Canosa. Él dio el dinero para financiar la voladura del avión de Barbados[5] —según los mismos que lo perpetraron—. Ha estado vinculado a más de 40 actos de sabotaje cometidos contra el pueblo cubano. Y el grupo que fundó tiene lazos estrechos con muchos en el gobierno estadounidense.

¿Quién murió en ese avión de Barbados? Allí nos mataron niños, jóvenes de 14, 16, 17 años de edad. El equipo entero juvenil de esgrima que regresaba victorioso después de competir en los Juegos Panamericanos en Caracas. Podemos agregar que a las familias de las víctimas de ese acto las estamos atendiendo nosotros.

Esos que cometieron este crimen son los verdaderos terroristas.

Y, sin embargo, declaran culpables a nuestros cinco compañeros, los heroicos prisioneros del imperio: Fernándo González, René González, Antonio Guerrero, Gerardo Hernández y Ramón Labañino.[6] Ellos no son delincuentes, son gente común y corriente de nuestro pueblo, quienes se encontraban allí para

cado ilegalmente de Cuba. Su madre pereció en el naufragio. En vez de devolverlo inmediatamente a su padre en Cuba, las autoridades norteamericanas de inmigración lo llevaron a Miami y lo pusieron en custodia de unos familiares lejanos, quienes, con la complicidad del gobierno norteamericano, rehusaron retornarlo a su familia inmediata en Cuba. Ante las movilizaciones casi semanales del pueblo cubano, que exigían el retorno de Elián, y un apoyo mayoritario dentro de Estados Unidos para que el niño le fuera devuelto a su padre, en junio de 2000 el gobierno norteamericano se vio obligado a retornarlo.

5. El 6 de octubre de 1976, contrarrevolucionarios cubanos detonaron una bomba en un vuelo de Cubana de Aviación que iba de Barbados hacia Cuba. Todas las 73 personas a bordo perecieron.

6. En septiembre de 1998, el FBI anunció con mucha fanfarria que había descubierto en Florida una "red cubana de espionaje". En junio de 2001, se dic-

defender a su patria. Estaban intentado evitar todos estos actos de sabotaje que cometen contra nuestro pueblo, para impedir los actos de terrorismo contra Cuba. A tres los condenaron a cadena perpetua, pero son inocentes, trataban de salvar al mundo de tantas muertes.

Mientras tanto, a los verdaderos terroristas los dejan en libertad. Terroristas como Posada Carriles. Están por libertarlo en Panamá, después que planeaba asesinar a nuestro Comandante en Jefe, y provocar la muerte de miles de estudiantes panameños.[7]

No puedo dejar de sentirme guerrillera

WATERS: Han pasado 46 años y aún sigues en el servicio activo.

PUEBLA: En estos momentos, sigo en las Fuerzas Armadas Revolucionarias, en la Dirección de Atención a los combatientes y

taron veredictos condenatorios contra cinco acusados, bajo cargos de "conspirar para actuar como un agente extranjero no inscrito", a tres de ellos también los declararon culpables de "conspirar para cometer espionaje", y a uno lo declararon culpable de "conspirar para cometer asesinato". Les impusieron condenas que van desde los 15 años de prisión hasta cadenas perpetuas dobles más 15 años. Los cinco revolucionarios presos habían aceptado la tarea de vivir en Estados Unidos e infiltrar a los grupos contrarrevolucionarios para mantener informado al gobierno cubano de ataques terroristas que se planeaban contra Cuba. Inspirados por la firmeza de los cinco —cada de uno de quienes fue nombrado cuales recibió el título de "Héroe de la República de Cuba"— el pueblo cubano se ha movilizado de forma masiva para protestar contra su encarcelamiento y denunciar las condiciones bajo las que se les ha mantenido presos.

7. Luis Posada Carriles fue uno de los organizadores del atentado dinamitero contra el avión de Cubana de Aviación en 1976 en que murieron 73 personas. Arrestado y declarado culpable de ese crimen, cumplió ocho años en prisión antes de escapar mediante la ayuda de sobornos facilitados por la Fundación Nacional Cubano-Americana dirigida por Jorge Mas Canosa, como el propio Posada Carriles admitió al *New York Times* en 1998. En noviembre de 2000, encabezó un complot para asesinar a Fidel Castro en una reunión pública, cuando éste último se encontraba en Panamá para asistir a la Cumbre Ibero-Americana. El complot fue frustrado por las fuerzas de seguridad cubanas y Posada Carriles fue arrestado; sin embargo el gobierno panameño ha rechazado la solicitud de Cuba de extraditarlo.

a los familiares de los que han caído en la defensa de la patria. Allí buscamos solución a todo esto de lo que hemos hablado, incluso las escuelas de los que han sufrido en las guerras al correr de los años. A nosotros nos ha tocado la tarea de resolver las necesidades de las familias de los combatientes de la guerra de liberación —en la Sierra y en el Llano—, de la Lucha Contra Bandidos, de Girón, de las misiones internacionalistas. Ayudamos a todos los que se han sacrificado por nuestra patria.

También soy miembro del Ejecutivo Nacional de la Asociación de Combatientes de la Revolución Cubana, que dirige el comandante de la revolución Juan Almeida. Y estoy en muchas comisiones de trabajo, como la Comisión Ideológica del Partido Comunista, por ejemplo.

Además, soy diputada a la Asamblea Nacional del Poder Popular, y miembro permanente de su Comisión de la Defensa. Somos diputados pero por el pueblo. Mi único salario es el de la FAR.

Puede que 46 años parezcan mucho tiempo, pero no me siento heroína, sino que me veo como una persona normal. No nos gusta hablar de estas cosas; las hacemos como parte de nuestro trabajo diario, de nuestra vida diaria. Hemos vivido la revolución tan intensamente que no podemos separar nada de la revolución de nosotros. Es nuestra razón de ser.

No puedo dejar de sentirme guerrillera. Más aún en la actual batalla en que defendemos las mismas ideas de Martí y del Moncada. Y hoy lo hacemos con otras armas, con armas más pesadas, y hacemos frente a un enemigo poderoso que nos exige más unidad y tesón, y no menos heroísmo. Estos tiempos requieren de combatientes con espíritu guerrillero y rebelde. Ese es el espíritu de nuestro pueblo: un pueblo que en medio de todas estas dificultades sigue leal a nuestro Comandante en Jefe.

Si yo volviera a nacer, haría lo mismo que he hecho hasta hoy.

Ser general de las Fuerzas Armadas Revolucionarias de Cuba —unas fuerzas armadas que no han sido nunca mercenarias—, es el orgullo de nuestras vidas, porque cada miembro de las Fuerzas Armadas Revolucionarias representa a todos nuestros caídos. La guerra de liberación nos costó 20 mil muertos. Otros murieron después.

Desde la guerra de liberación hasta la actualidad, trabajamos y vivimos para el pueblo. Somos el pueblo uniformado.

Vivo orgullosa de ser militar, de llevar el uniforme verde olivo. Y este uniforme lo defenderemos hasta el último aliento de nuestras vidas.

Glosario

Almeida, Juan (n. 1927) – De oficio albañil en La Habana y miembro del Partido Ortodoxo al momento del golpe de estado de Batista en 1952, es reclutado al movimiento dirigido por Fidel Castro, participando en el ataque al cuartel Moncada en 1953. Condenado a 10 años de prisión. Excarcelado en mayo de 1955 junto a los otros moncadistas presos, luego de una campaña nacional de amnistía, participó en la expedición del *Granma* de noviembre–diciembre de 1956. En febrero de 1958 fue ascendido a comandante y luego encabezó el III Frente Oriental. Ha desempeñado numerosos cargos desde 1959, entre ellos jefe de la fuerza aérea, viceministro de las Fuerzas Armadas Revolucionarias y vicepresidente del Consejo de Estado y del Consejo de Ministros. Es uno de tres combatientes de la Sierra que han recibido el título de Comandante de la Revolución. Es miembro del Comité Central y del Buró Político del Partido Comunista desde 1965. Vicepresidente del Consejo de Estado. Es fundador y actualmente presidente de la Asociación de Combatientes de la Revolución Cubana, y Héroe de la República de Cuba, el honor más alto del país.

Batista, Fulgencio (1901–1973) – Ex sargento del ejército quien en septiembre de 1933 ayudó a dirigir un golpe militar por oficiales subalternos, en la secuela de un levantamiento popular que semanas antes había derrocado a la sangrienta dictadura de Gerardo Machado. Ascendió a jefe del estado mayor y en enero de 1934 organizó un segundo golpe que desató una cruenta represión contra trabajadores, campesinos y fuerzas revolucionarias. Después de dominar varios gobiernos como jefe del estado mayor del ejército, Batista fue electo presidente en 1940. Se alejó del cargo con las elecciones de 1944, pero retuvo una base de apoyo entre la oficialidad mientras vivió en la Florida hasta 1948. Batista dirigió un golpe de estado el 10 de marzo de 1952, y estableció una dictadura militar brutal que colaboró estrechamente con Washington. Huyó a República Dominicana el primero de enero de 1959, fecha en que triunfa la revolución.

Betancourt, Ana (1832–1901) – Activa participante en la primera guerra independentista cubana contra España, 1868–78. Trabajó como publicista para la causa revolucionaria. Fue arrestada por las tropas coloniales españolas y deportada, viviendo el resto de su vida en Estados Unidos, Jamaica y España.

Castro Mercader, Raúl (n. 1937) – Miembro del Movimiento 26 de Julio, se unió al Ejército Rebelde en marzo de 1957 como parte del primer grupo de refuerzo enviado por Frank País, desempeñándose en las columnas 1 y 4. En agosto de ese año fue ascendido a capitán en la Columna 4 dirigida por Che Guevara. Cumplió misión internacionalista en Angola. Retirado del servicio activo, es general de brigada en las Fuerzas Armadas Revolucionarias.

Castro Ruz, Fidel (n. 1926) – Activo y destacado dirigente estudiantil en la Universidad de La Habana desde 1945, fue el organizador central de la juventud del Partido Ortodoxo tras la fundación del partido en 1947. Figuró como candidato del Partido Ortodoxo para la Cámara de Representantes en las elecciones de 1952 que fueron canceladas tras el golpe de estado de Batista en marzo de ese año. En 1953 organizó un nuevo movimiento revolucionario que se llegó a conocer como la Generación del Centenario —en honor del centenario del natalicio de José Martí— para llevar a cabo la lucha contra la dictadura batistiana. Organizó y dirigió en julio de 1953 el asalto al cuartel Moncada en Santiago de Cuba. Capturado, procesado y condenado a 15 años de prisión; su alegato de defensa ante el tribunal, "La historia me absolverá", se distribuyó en decenas de miles de copias por toda Cuba, y se convirtió en el programa del movimiento revolucionario. Excarcelado en 1955 tras una masiva campaña de amnistía, dirigió la fundación del Movimiento Revolucionario 26 de Julio. A finales de 1956 organizó la expedición a bordo del yate *Granma* desde México y comandó el Ejército Rebelde durante la guerra revolucionaria. Pasó a ser secretario general del Movimiento

26 de Julio en mayo de 1958. Tras el triunfo de la revolución, Castro fue primer ministro de Cuba desde febrero de 1959 hasta 1976, y ha sido elegido presidente del Consejo de Estado y del Consejo de Ministros desde entonces. Es Comandante en Jefe de las Fuerzas Armadas Revolucionarias y, desde 1965, primer secretario del Partido Comunista de Cuba.

Castro Ruz, Raúl (n. 1931) – Organizador en la Universidad de La Habana de protestas estudiantiles contra la dictadura batistiana, se unió en 1953 al ataque del Moncada y fue condenado a 13 años de prisión. Excarcelado en mayo de 1955 luego de una campaña nacional de amnistía. Miembro fundador del Movimiento 26 de Julio, formó parte de la expedición del *Granma* y uno de los cuadros iniciales del Ejército Rebelde. En febrero de 1958 es ascendido a comandante. Encabezó el II Frente Oriental. Desde octubre de 1959 es el Ministro de las Fuerzas Armadas Revolucionarias. Es General de Ejército, el segundo oficial de más alto rango de las FAR. Fue viceprimer ministro desde 1959 hasta 1976, cuando fue elegido primer vicepresidente del Consejo de Estado y del Consejo de Ministros. Un miembro fundador del Partido Comunista de Cuba, ha sido desde 1965 su segundo secretario y miembro del Buró Político. Ostenta el título de Héroe de la República de Cuba.

Cienfuegos, Camilo (1932–1959) – Activo opositor del golpe de estado de Batista de 1952. Vivió en Estados Unidos, 1953–54, trabajando en talleres de costura y restaurantes en Nueva York, San Francisco y Chicago, antes de ser arrestado y deportado por la policía de inmigración norteamericana. En 1956 fue a México, para enrolarse en la lucha armada contra Batista. De expedicionario del *Granma*, pasó a ser capitán en la columna de Guevara del Ejército Rebelde a fines de 1957. Fue ascendido a comandante en 1958 y, entre agosto y octubre, dirigió la Columna 2 "Antonio Maceo" en una invasión desde la Sierra Maestra hacia occidente con rumbo a Pinar del Río. Realizó operativos en el norte de Las Villas hasta el final de la guerra. Pasó a ser jefe del estado mayor del Ejército Rebelde en enero de 1959. Murió cuando su avión se perdió en el mar mientras retornaba de Camagüey a La Habana el 28 de octubre de 1959.

Cintra Frías, Leopoldo (Polo) (n. 1941) – Oriundo de Yara, se incorporó al Ejército Rebelde en noviembre de 1957, terminando la guerra con el grado de teniente. Como voluntario cumplió misiones internacionalistas en Angola y Etiopía en la década de 1970, y encabezó la misión militar cubana en Angola, 1983–86 y 1989. Héroe de la República de Cuba, es general de división en las FAR y miembro del Buró Político del Partido Comunista de Cuba.

del Valle, Sergio (n. 1927) – Se incorporó al Ejército Rebelde en la Sierra Maestra en 1957 como combatiente y médico, y fue ascendido a capitán en la columna dirigida por Che Guevara. En 1958 fue segundo al mando de la columna de Camilo Cienfuegos. Encabezó el estado mayor del ejército en la década de 1960, y después fue ministro del interior y de salud pública. Miembro del Comité Central del Partido Comunista desde 1965 y del Buró Político, 1965–86. Es general de división en el ejército cubano. En 2001 recibió el título de Héroe de la República de Cuba.

Durán Batista, Carlos – Capitán, jefe de la unidad militar batistiana en Las Vegas de Jibacoa, Sierra Maestra.

Espín, Vilma (n. 1930) – Miembro de la Acción Nacional Revolucionaria encabezada por Frank País en Santiago de Cuba, que participó en la formación del Movimiento 26 de Julio en 1955. Participó en el levantamiento de Santiago el 30 de noviembre de 1956. Más adelante fue coordinadora del Movimiento 26 de Julio en la provincia de Oriente. Se incorporó al Ejército Rebelde en julio de 1958, formando parte del II Frente Oriental. Desde 1960 ha presidido la Federación de Mujeres Cubanas y es miembro del Comité Central del Partido Comunista desde 1965 y del Buró Político, 1980–91. Miembro del Consejo de Estado desde 1976. En 2001 recibió el título de Heroína de la República de Cuba.

Federación de Mujeres Cubanas (FMC) – Fundada el 23 de agosto de 1960, con la combatiente del Ejército Rebelde Vilma Espín como su presidenta, unificó a las organizaciones de mujeres pro revolucionarias. Impulsando la lucha por la igualdad de la mujer, la FMC ha trabajado por integrar a la mujer en las tareas de la revolución y en la fuerza laboral.

Ferrer Benítez, Norma (n. 1941) – Nacida en Yara, se unió al Ejército Rebelde y formó parte de la Columna 1. Miembro fundador del Pelotón Femenino Mariana Grajales.

Figueroa, Juan Ramón (Turtó) – Combatiente nacido en Yara. Formó parte de la Columna 1 primero y del II Frente Oriental después, donde murió en un accidente.

FMC – *Ver* Federación de Mujeres Cubanas

Frías, Ángel (1940–1969) – Miembro de la Columna 1 del Ejército Rebelde, pasó a integrar la Columna 8 dirigida por Che Guevara, la cual en 1958 realizó la invasión al occidente, hacia la provincia de Las Villas.

Frías, Ciro (1928–1958) – Campesino de la Sierra Maestra, se unió al Ejército Rebelde en enero de 1957. Miembro de la Columna 1, y más tarde capitán en la Columna 18 en el II Frente Oriental, al mando de Raúl Castro. Cayó el 10 de abril de 1958, y fue ascendido a comandante de manera póstuma.

Gómez Ochoa, Delio (n. 1929) – Combatiente del Ejército Rebelde. Tras el intento de huelga general en abril de 1958, pasó a ser coordinador nacional de acción del Movimiento 26 de Julio, basado en La Habana. Fue ascendido a comandante en la Columna 32 del Ejército Rebelde y del IV Frente Oriental en octubre de 1958. Después del triunfo de la revolución, dirigió, en junio de 1959, una expedición armada de voluntarios dominicanos y cubanos hacia República Dominicana; fue capturado y más tarde puesto en libertad. Subsecuentemente tuvo responsabilidades en el sector agrícola de la economía.

González, Fernando (n. 1963) – Uno de cinco revolucionarios cubanos que actualmente están presos en cárceles norteamericanas, tras habérsele fabricado cargos y declararlo culpable en 2001 de "conspiración para actuar como agente extranjero no inscrito". Miembro de la Unión de Jóvenes Comunistas (UJC), en 1987 se graduó de la Escuela Superior de Relaciones Internacionales Raúl Roa García. En 1987–89 participó en la misión militar cubana en Angola. A mediados de la década de 1990 se ofreció como voluntario para una misión internacionalista para vivir en Estados Unidos y establecer vínculos con los grupos contrarrevolucionarios allí radicados a fin de mantener informado al gobierno cubano de operativos que se planeaban contra Cuba. Arrestado en 1998, fue condenado a 19 años de prisión.

González, René (n. 1956) – Uno de cinco revolucionarios cubanos que actualmente están presos en cárceles norteamericanas, tras habérsele fabricado cargos y declararlo culpable en 2001 de "conspiración para actuar como agente extranjero no inscrito". Nacido en Chicago de padres activos en el Movimiento 26 de Julio, su familia retornó a Cuba en 1961. Miembro de la Unión de Jóvenes Comunistas, participó en la misión militar cubana en Angola a finales de la década de 1980. Entrenado como piloto, subsecuentemente trabajó como instructor de vuelo. A mediados de la década de 1990 se ofreció como voluntario para una misión internacionalista para vivir en Estados Unidos y establecer vínculos con los grupos contrarrevolucionarios allí radicados a fin de mantener informado al gobierno cubano de operativos que se planeaban contra Cuba. Arrestado en 1998, actualmente cumple una condena de 15 años de prisión.

Grajales, Mariana (1808–1893) – De origen humilde, fue una partidaria vehemente de la independencia de Cuba. En 1868, al comenzar la guerra contra el colonialismo español, instó a todos sus hijos a que se enlistaran. Su esposo y cinco hijos murieron en la lucha independentista. Uno de sus hijos, el lugarteniente general Antonio Maceo, conocido como el Titán de Bronce, dirigente de las guerras independentistas de Cuba, se destacó por su valor y heroísmo.

Granma – El yate que transportó a 82 combatientes revolucionarios, entre ellos Fidel Castro, Raúl Castro, Ernesto Che Guevara, Camilo Cienfuegos y Juan Almeida desde Tuxpan, México, a Cuba, para iniciar la guerra revolucionaria contra el régimen opresor de Fulgencio Batista, el cual era respaldado por Washington. Los expedicionarios desembarcaron en el sudeste de Cuba el 2 de diciembre de 1956. *Granma* ha sido el nombre del diario del Partido Comunista de Cuba desde 1965. El Movimiento 26 de Julio había planeado un levantamiento en la provincia de Oriente que coincidiera con el desembarco del yate *Granma*. Concentrado en Santiago de Cuba, el levantamiento ocurrió el 30 de noviembre de 1956 y lo dirigió Frank País. Junto al desembarco del *Granma*, marcó el comienzo de la guerra revolucionaria cubana.

Guerra, Orestes (n. 1932) – Oriundo de Yara, se unió al Ejército Rebelde en 1957, y formó parte de columnas al mando de Fidel Castro, Che

Guevara y Camilo Cienfuegos, terminando la guerra como capitán. Actualmente es general de brigada de las FAR, retirado.

Guerrero, Antonio (n. 1958) – Uno de cinco revolucionarios cubanos que actualmente están presos en cárceles norteamericanas, tras habérsele fabricado cargos y declararlo culpable en 2001 de "conspiración para cometer espionaje" y "conspiración para actuar como agente extranjero no inscrito". Nacido en Miami, su familia retornó a Cuba en los primeros días de enero de 1959. Dirigente estudiantil en la secundaria y miembro de la Unión de Jóvenes Comunistas, obtuvo una beca para ir a la Unión Soviética y estudiar ingeniería de aeropuertos. Miembro del Partido Comunista de Cuba, a mediados de la década de 1990 se ofreció como voluntario para una misión internacionalista para vivir en Estados Unidos y establecer vínculos con los grupos contrarrevolucionarios allí radicados a fin de mantener informado al gobierno cubano de operativos que se planeaban contra Cuba. Arrestado en 1998, está cumpliendo cadena perpetua más 15 años de cárcel.

Guevara, Ernesto Che (1928–1967) – Dirigente de la Revolución Cubana nacido en Argentina. Participante en la expedición del *Granma,* fue el primer combatiente en ser ascendido al grado de comandante durante la guerra revolucionaria cubana. A fines de 1958 unió a varias fuerzas revolucionarias en Cuba central bajo su mando y las condujo en la toma de Santa Clara, la tercera ciudad de importancia en Cuba. Luego del triunfo de 1959, además de sus tareas militares, Guevara desempeñó diversos cargos y responsabilidades en el gobierno revolucionario, entre ellos titular del Banco Nacional y ministro de Industrias. A menudo representó a la dirección revolucionaria en eventos internacionales. En abril de 1965 dirigió la columna cubana que combatió por siete meses junto a las fuerzas antiimperialistas en el Congo. A finales de 1966 encabezó un destacamento vanguardia de voluntarios internacionalistas en Bolivia. Herido y capturado el 8 de octubre de 1967 por el ejército boliviano en un operativo organizado por la CIA, fue asesinado al día siguiente.

Hernández, Gerardo (n. 1965) – Uno de cinco revolucionarios cubanos que actualmente están presos en cárceles norteamericanas, tras habérsele fabricado cargos y declararlo culpable en 2001 de "conspiración para cometer espionaje" y "conspiración para actuar como agente extranjero no inscrito" y "conspiración para cometer asesinato". Miembro de la Unión de Jóvenes Comunistas, participó en la misión militar cubana en Angola, encabezando un pelotón de exploradores en una brigada de tanques. Participó en 54 misiones de combate antes de completar su servicio en 1990. A mediados de la década de 1990 se ofreció como voluntario para una misión internacionalista para vivir en Estados Unidos y establecer vínculos con los grupos contrarrevolucionarios allí radicados a fin de mantener informado al gobierno cubano de operativos que se planeaban contra Cuba. Arrestado en 1998, está cumpliendo dos cadenas perpetuas más 15 años de cárcel.

Hernández, Melba (n. 1921) – Se incorporó en 1952 al movimiento revolucionario dirigido por Fidel Castro y fue una de las dos mujeres que participaron en el ataque contra el cuartel Moncada el 26 de julio de 1953; pasó siete meses en prisión. Cuando se fundó el Movimiento 26 de Julio, en junio de 1955, pasó a ser miembro de su Dirección Nacional. Regresó a Cuba desde México después del desembarco del *Granma,* llevó a cabo una intensa actividad clandestina y más tarde se incorporó al Ejército Rebelde en el III Frente Oriental. Ha ocupado varios cargos directivos y diplomáticos desde 1959. Fue fundadora y presidenta del Comité de Solidaridad con Vietnam y los Pueblos de Indochina. Actualmente es vicepresidenta del Tribunal Antiimperialista de Nuestra América, miembro del Comité Central del Partido Comunista, y directora de su Centro de Estudios Asiáticos. Una diputada en la Asamblea Nacional, recibió en 2001 el título de Heroína de la República de Cuba.

Herrera, Osvaldo – Desde 1958 capitán ayudante a las órdenes del comandante Camilo Cienfuegos. En junio de 1958, fue enviado a Holguín, asignado a reorganizar la dirección del Movimiento 26 de Julio allí. Se suicidó tras haber caído prisionero de la dictadura, en vez de dar información a sus torturadores.

Iglesias, Joel (n. 1941) – Nació en el seno de una familia campesina en las afueras de Santiago de Cuba; se unió al Ejército Rebelde en 1957, desempeñándose en las columnas 4 y 8 al mando de Che Guevara; ascendido a comandante al final de la guerra revolucionaria. En 1960 fue el primer presidente de la Asociación de Jóvenes Rebeldes, iniciada por el Departamento de Instrucción del Ejército Rebelde, y en 1962 secretario general de la Unión de Jóvenes Comunistas. Fue miembro del Comité Central del Partido Comunista de 1965 a 1975.

Kindelán, Rolando (n. 1928) – General de brigada en las Fuerzas Armadas Revolucionarias. Trabajador agrícola en la provincia de Oriente, se incorporó al Ejército Rebelde en junio de 1957, y más tarde pasó a ser miembro de la columna de Camilo Cienfuegos. En 1959 fue nombrado dirigente militar de la Isla de Pinos. En 1962 participó en la lucha contra los bandidos contrarrevolucionarios. En 1965 ayudó a dirigir una de las columnas de combatientes cubanos internacionalistas basadas en el Congo-Brazzaville. Miembro del Comité Central del Partido Comunista de Cuba, 1965–86. Actualmente es presidente de la Asociación de Combatientes de la Revolución Cubana en Ciudad de La Habana.

Labañino, Ramón (n. 1963) – Uno de cinco revolucionarios cubanos que actualmente están presos en cárceles norteamericanas, tras habérsele fabricado cargos y declararlo culpable en 2001 de "conspiración para cometer espionaje" y "conspiración para actuar como agente extranjero no inscrito". Miembro de la Unión de Jóvenes Comunistas y graduado en economía en 1986, se ofreció, a mediados de la década de 1990, como voluntario para una misión internacionalista para vivir en Estados Unidos y establecer vínculos con los grupos contrarrevolucionarios allí radicados a fin de mantener informado al gobierno cubano de operativos que se planeaban contra Cuba. Arrestado en 1998, está cumpliendo cadena perpetua más 18 años de cárcel.

Lastre, Manuel (n. 1941) – Nacido en Yara, pasó a ser combatiente del Ejército Rebelde y miembro de la Columna 2, al mando del comandante Camilo Cienfuegos, la cual llevó a cabo la invasión de la provincia de Las Villas en 1958. Actualmente es general de brigada.

Lorente, Miguel (n. 1937) – Oriundo de Manzanillo, se incorporó al Ejército Rebelde en la Sierra Maestra y alcanzó el grado de teniente en la columna de Camilo Cienfuegos. Participó en misiones internacionalistas en Etiopía, en la batalla de Ogadén, y en Angola, donde combatió en la campaña de Cuito Cuanavale en 1988. General de brigada en las FAR, se retiró del servicio activo en 1999.

Lucha Contra Bandidos – Desde 1959 hasta 1965 la Revolución Cubana libró una batalla contra las bandas contrarrevolucionarias armadas y financiadas por la CIA que funcionaban principalmente en la sierra del Escambray en la región central de Cuba. Durante aquellos primeros años de la revolución hubo, en un momento u otro, unos 299 grupos contrarrevolucionarios con 4 mil miembros que perpetraron asesinatos, sabotaje y otras acciones terroristas. Fueron derrotados primordialmente a través de la movilización de los campesinos y trabajadores de las áreas afectadas. Una unidad especial de las Fuerzas Armadas Revolucionarias —Lucha Contra Bandidos— fue constituida para librar la batalla.

Maceo, Antonio (1845–1896) – Prominente líder y estratega militar en las guerras independentistas cubanas contra España en el siglo XIX. Fue dirigente de la invasión de occidente de 1895–96, que fue desde Oriente y culminó en la provincia de Pinar del Río. Devino símbolo de la intransigencia revolucionaria en 1878, al concluir la primera guerra independentista cubana, al rehusar deponer las armas contra el régimen colonial y promulgar lo que se llegó a conocer como la Protesta de Baraguá. Conocido en Cuba como el Titán de Bronce, cayó en combate el 7 de diciembre de 1896.

Martí, José (1853–1895) – Destacado revolucionario, poeta, escritor, orador y periodista. Es el Héroe Nacional de Cuba. En 1892 fundó el Partido Revolucionario Cubano para combatir el dominio colonial español y oponerse a los designios de Washington sobre Cuba. Organizó y planificó la guerra independentista de 1895, y murió en combate en Dos Ríos, provincia de Oriente. Su programa antiimperialista y revolucionario forma parte de las tradiciones y legado político internacionalistas de la Revolución Cubana.

Martínez Páez, Julio (1908–1999) – Comandante en el Ejército Rebelde, fue combatiente y médico. Después del triunfo revolucionario, fungió como ministro de Salud Pública y director del Hospital Ortopédico Fructuoso Rodríguez, y prominente científico y cirujano ortopédico de prestigio internacional.

Mas Canosa, Jorge (1939–1997) – Opositor de la Revolución Cubana, emigró a Estados Unidos en 1960, donde se convirtió en un rico capitalista. Fundador y presidente, desde 1981 hasta su muerte, de la

Fundación Nacional Cubano-Americana, la cual brindó apoyo y financió actividades terroristas contrarrevolucionarias.

Masferrer, Rolando (1914–1975) – Senador batistiano y acaudalado político burgués. En la década de 1950 organizó y encabezó un escuadrón paramilitar privado de unos 2 mil torturadores, asesinos y extorsionistas conocidos como los "Tigres", que colaboraban de forma estrecha con el ejército de la dictadura. Durante la guerra revolucionaria cubana, las pandillas masferreristas funcionaron como escuadrones de la muerte, torturando y asesinando a centenares, si no a miles, de los opositores del régimen. Su principal fuente de ingresos eran las casas de juego, la prostitución y la extorsión.

En la década de 1930 Masferrer había militado en el Partido Comunista de Cuba (que en 1944 tomó el nombre de Partido Socialista Popular) y peleó como voluntario en la guerra civil española; abandonó el partido en 1945. Huyó de Cuba el 31 de diciembre de 1958. Masferrer fue muerto en Miami al estallar un coche bomba en un atentado gansteril 16 años más tarde.

Mojena, Omar Iser – Combatiente de la Columna 1 y un fundador del IV Frente.

Movimiento Revolucionario 26 de Julio – Fundado en junio de 1955 por Fidel Castro y otros veteranos del ataque al cuartel Moncada, junto a jóvenes activistas del ala izquierda del Partido Ortodoxo, y otras fuerzas, entre ellas Acción Nacional Revolucionaria encabezada por Frank País en Santiago de Cuba y veteranos del Movimiento Nacional Revolucionario como Armando Hart y Faustino Pérez en La Habana. El Movimiento 26 de Julio se separó del Partido Ortodoxo en marzo de 1956. Durante la guerra revolucionaria estuvo integrado por el Ejército Rebelde en las montañas (Sierra) y la red clandestina urbana (Llano). Fidel Castro pasó a ser el secretario general del movimiento en mayo de 1958. Comenzó en la clandestinidad a editar el periódico *Revolución* durante la guerra revolucionaria. Después de la victoria, el Movimiento 26 de Julio inició un proceso de fusión con el Partido Socialista Popular y el Directorio Revolucionario, y en 1961 formaron las Organizaciones Revolucionarias Integradas (ORI), posteriormente el Partido Unido de la Revolución Socialista (PURS), y desde 1965 el Partido Comunista de Cuba.

Oñate, Alejandro "Cantinflas" (n. 1936) – Combatiente del Ejército Rebelde. Fue ascendido a teniente y formó parte de la Columna 2 de Camilo Cienfuegos, que llevó a cabo la invasión hacia occidente de las provincias centrales.

Palomares, Pastor (1939–1957) – Se incorporó al Ejército Rebelde el 20 de abril de 1957. Cayó el 20 de agosto de 1957 en la batalla de Palma Mocha.

Partido Comunista de Cuba – En 1961, tras un proceso de diferenciación y clarificación a medida que la revolución se profundizó, el Movimiento 26 de Julio inició una fusión con el Partido Socialista Popular y con el Directorio Revolucionario 13 de Marzo, para formar las Organizaciones Revolucionarias Integradas (ORI). En 1963 se convirtió en Partido Unido de la Revolución Socialista; y en octubre de 1965 se fundó el Partido Comunista de Cuba, con Fidel Castro como primer secretario de su Comité Central.

Paz, Ramón (1924–1958) – Miembro del Movimiento 26 de Julio, se unió al Ejercito Rebelde y se integró como combatiente en la Columna 1. Cayó en combate el 28 de julio de 1958.

Pérez, Faustino (1920–1992) – Activo en el quehacer político revolucionario en la Universidad de La Habana antes de 1952. Después del golpe de estado de Batista fue dirigente con Armando Hart del Movimiento Nacional Revolucionario, la mayoría de cuyos miembros fueron parte de la fundación del Movimiento 26 de Julio. Expedicionario del *Granma,* encabezó la clandestinidad urbana del Movimiento 26 de Julio en La Habana hasta abril de 1958. Regresó a la Sierra Maestra y ascendió a comandante. Miembro del Comité Central del Partido Comunista desde 1965 hasta su muerte.

Pérez Chávez, Flor (n. 1939) – Nacida en Yara, se unió al Ejército Rebelde y pasó a formar parte de la Columna 1. Fundadora del Pelotón Femenino Mariana Grajales, fue herida en Maffo. Alcanzó el grado de teniente.

Periodo Especial – Término empleado en Cuba para describir tanto las condiciones económicas extremadamente difíciles que el pueblo cubano ha enfrentado desde comienzos de la década de 1990, como las políticas que ante ellas se han puesto en práctica para defender la revolución. Al desintegrarse los regímenes de Europa oriental y la Unión Soviética, que anteriormente representaban el 85 por ciento del comercio exterior de Cuba, la isla fue brutalmente empujada de regreso al mercado capitalista mundial del cual había estado parcialmente protegida por más de 25 años. El rompimiento repentino y unilateral de los patrones comerciales —ocurrido conforme se intensificó la crisis mundial capitalista, y acentuado al mismo tiempo por la guerra económica cada vez más aguda organizada por Washington— llevó a Cuba a su crisis económica más severa desde 1959.

En 1993 y 1994, se adoptaron una serie de medidas para hacer frente a las condiciones económicas en deterioro.

Aun cuando las escaseces de alimentos y de otros artículos de primera necesidad continuaban, para 1996, mediante los esfuerzos del pueblo trabajador cubano, la inflación se puso bajo control y comenzó una recuperación.

Playa Girón – El 17 de abril de 1961, una fuerza expedicionaria de 1500 mercenarios cubanos —organizados, financiados y desplegados por Washington— invadió a Cuba por la Bahía de Cochinos en la costa sur. Los contrarrevolucionarios intentarían lograr un levantamiento antigubernamental a la vez que retendrían una cabeza de playa en el territorio cubano lo suficiente como para instalar un gobierno provisional ya formado en Estados Unidos, el cual solicitaría a Washington apoyo y una intervención militar directa. Sin embargo, en menos de 72 horas de intenso combate, los mercenarios fueron derrotados por las milicias, las Fuerzas Armadas Revolucionarias, la Fuerza Aérea Revolucionaria y la Policía Nacional Revolucionaria de Cuba. El 19 de abril, los invasores que quedaban fueron capturados en Playa Girón, nombre que los cubanos emplean para designar esa batalla.

Posada Carriles, Luis (n. 1928) – Miembro de la Brigada 2506 que atacó a Cuba en la Bahía de Cochinos en 1961, invasión que fue derrotada antes que su unidad pudiera desembarcar. Entrenado por la Agencia Central de Inteligencia, ha estado vinculado a numerosos actos de sabotaje e intentos de asesinato por más de cuatro décadas, con gran saldo de pérdidas humanas y económicas. Se le ha acusado de ser autor intelectual del ataque dinamitero contra el avión de Cubana en que murieron 73 personas. En 2000 fue arrestado en Panamá por una serie de ataques dinamiteros.

Quesada, Flavio – Fundador del IV Frente del Ejército Rebelde con

Delio Gómez Ochoa. Actualmente es teniente coronel de las Fuerzas Armadas Revolucionarias.

Radio Rebelde – Estación radial del Ejército Rebelde que comenzó transmisiones el 24 de febrero de 1958 desde la Sierra Maestra. Durante los últimos meses de la guerra, sus transmisiones fueron emitidas a Venezuela para ser retransmitidas a Cuba. Desempeñó un papel importante al difundir la verdad sobre los acontecimientos políticos y militares durante la guerra revolucionaria.

Redondo, Ciro (1931–1957) – Miembro de la Juventud Ortodoxa, fue captado al movimiento revolucionario por Fidel Castro y participó en el asalto al Moncada en 1953. Capturado, procesado y condenado a 10 años de prisión; excarcelado en mayo de 1955 tras una campaña nacional de amnistía. Expedicionario del *Granma,* llegó a capitán en el Ejército Rebelde, formando parte de la columna de Guevara. Cayó en combate el 29 de noviembre de 1957; ascendido a comandante de manera póstuma.

Rielo, Isabel (1940–1989) – Jefa del Pelotón Femenino Mariana Grajales constituido en septiembre de 1958. Teniente en el Ejército Rebelde al final de la guerra. Ascendida a capitana en 1960, trabajó en el cuerpo médico, en el Estado Mayor, y en el Instituto Técnico Militar. Posteriormente fue asignada a dirigir el Plan Vegetal de Turibacoa.

Rielo, Lilia – Nació en Santiago de Cuba. Perteneció a la Columna 1, y fue una de las fundadoras del Pelotón Femenino Mariana Grajales. Retirada del Ministerio de Interior con el grado de mayor.

Sánchez Manduley, Celia (1920–1980) – Nacida en Manzanillo, cerca de la Sierra Maestra al oriente de Cuba, fue miembro fundadora del Partido Ortodoxo en 1947 y de su juventud. Se convirtió en dirigente en la provincia de Oriente de la campaña de amnistía para los prisioneros del Moncada. En 1955 fue una de los fundadores del Movimiento 26 de Julio, y se convirtió en su principal organizadora en Manzanillo. Organizó la red urbana de abastecimiento y reclutamiento del Ejército Rebelde. Fue la primera mujer combatiente en el Ejército Rebelde, perteneció a su comandancia general desde octubre de 1957. Al momento de su muerte, era miembro del Comité Central del Partido Comunista y secretaria del Consejo de Estado y del Consejo de Ministros.

Sánchez Mosquera, Ángel – Teniente en el ejército de Batista notorio por sus actos de brutalidad contra los campesinos, terminó la guerra con el grado de coronel. Escapó de Cuba el primero de enero de 1959.

Santamaría, Haydée "Yeyé" (1922–1980) – Participante del ataque al Moncada en 1953, en el cual su hermano Abel fue capturado y brutalmente asesinado; ella fue puesta en prisión por siete meses. Una de los fundadores y miembro de la Dirección Nacional del Movimiento 26 de Julio en 1955, participó en la organizacíon del levantamiento en Santiago de Cuba el 30 de noviembre de 1956. Durante la guerra revolucionaria cumplió numerosas tareas clandestinas e internacionales, y posteriormente pasó a ser combatiente de la Columna 1 del Ejército Rebelde, hasta que se le ordenó ir al exterior a realizar diversas misiones entre cubanos en exilio. Fue fundadora y directora de Casa de las Américas desde 1959 hasta su muerte, y miembro del Comité Central del Partido Comunista, 1965–80.

Sosa, Merob (n. 1920) – Oficial del ejército de la dictadura en la Sierra Maestra notorio por sus crímenes, abusos y atropellos contra campesinos y la población rural. Se graduó en 1956 de la Escuela de las Américas del ejército norteamericano.

Suñol, Eddy (1925–1971) – Miembro del Movimiento 26 de Julio en Santiago de Cuba, se incorporó al Ejército Rebelde en 1957. En 1958 encabezó la Columna 14 del IV Frente del Ejército Rebelde. Finalizó la guerra revolucionaria con el grado de comandante.

Terry, Santiago (1930–1986) – Combatiente del Ejército Rebelde en la Sierra Maestra. Fue uno de los dirigentes del contingente cubano en el Congo en 1965, y coronel de las Fuerzas Armadas Revolucionarias al momento de su muerte.

Verdecia, Eugenia (1936–1979) – Nacida en Yara, se unió al Ejército Rebelde, pasando a ser parte de la Columna 1. Terminó la guerra en el III Frente, municipio Bartolomé Masó.

Villegas, Harry (Pombo) (n. 1940) – Oriundo de Yara, provincia de Oriente, se unió al Ejército Rebelde en 1957 y pasó a ser un miembro de la escolta personal de Che Guevara en las Columnas 4 y 8. Cumplió misión con Guevara en el Congo —donde Che le puso el nombre de guerra de "Pombo"—, y más tarde en Bolivia, donde fue miembro del estado mayor del movimiento guerrillero. Luego que Guevara fuera asesinado en octubre de 1967, Villegas comandó al grupo de combatientes sobrevivientes que eludieron el cerco organizado de forma conjunta por el ejército boliviano y las fuerzas militares norteamericanas, retornando a Cuba en marzo de 1968. En las décadas de 1970 y 1980, cumplió misión en Angola en tres ocasiones. Es general de brigada (retirado) de las FAR, miembro del Comité Central del Partido Comunista y diputado de la Asamblea Nacional cubana. Es vicepresidente ejecutivo de la dirección nacional de la Asociación de Combatientes de la Revolución Cubana y encabeza su secretaría de Trabajo Patriótico-Militar e Internacionalista. En 1995 recibió el título de Héroe de la República de Cuba.

Índice

Aldabonazo

En la clandestinidad revolucionaria cubana, 1952–58

ARMANDO HART

En este relato testimonial por uno de los dirigentes históricos de la Revolución Cubana, conocemos a los hombres y las mujeres que en la década de 1950 dirigieron la clandestinidad urbana en la lucha contra la cruel dictadura batistiana respaldada por Washington. Junto a sus compañeros del Ejército Rebelde, hicieron más que derrocar a la tiranía. Sus acciones y su ejemplo revolucionarios a nivel mundial cambiaron la historia del siglo XX . . . y la del siglo que viene. US$25

De la sierra del Escambray al Congo

En la vorágine de la Revolución Cubana

VÍCTOR DREKE

En este testimonio, Dreke relata lo fácil que resultó, tras la victoria de la Revolución Cubana en 1959, "quitar la soga" que por décadas había segregado a los negros de los blancos en los bailes de las plazas de los pueblos y, sin embargo, lo enorme que resultó la batalla para transformar las relaciones sociales que subyacían bajo esa y las demás "sogas" heredadas del colonialismo, del capitalismo y del dominio yanqui. Habla del gozo creador con que el pueblo cubano ha defendido su trayectoria revolucionaria: desde la sierra del Escambray hasta África y más allá. US$17.00

Pasajes de la guerra revolucionaria: Cuba, 1956–1959

ERNESTO CHE GUEVARA

Recuento testimonial de las campañas militares y los sucesos políticos que culminaron en enero de 1959 en la insurrección popular que tumbó a la dictadura de Batista. Con claridad y sentido del humor, Che Guevara describe cómo la lucha revolucionaria transformó a los hombres y mujeres del Ejército Rebelde y del Movimiento 26 de Julio, dirigidos por Fidel Castro. Y cómo estos combatientes forjaron una dirección política capaz de guiar a millones de trabajadores y campesinos a iniciar la revolución socialista en las Américas. Publicado por Editora Política, US$23.95

La Revolución Cubana en el mundo de hoy

Cuba y la revolución norteamericana que viene

JACK BARNES

"Primero se verá una revolución victoriosa en los Estados Unidos que una contrarrevolución victoriosa en Cuba". Ese juicio de Fidel Castro es hoy tan correcto como cuando lo planteó en 1961. Este libro, que trata sobre la lucha de clases en el corazón imperialista, explica por qué. US$13.00

Haciendo historia

Entrevistas con cuatro generales de las Fuerzas Armadas Revolucionarias de Cuba

NÉSTOR LÓPEZ CUBA, ENRIQUE CARRERAS, JOSÉ RAMÓN FERNÁNDEZ, HARRY VILLEGAS

A través de las historias de cuatro destacados generales cubanos, cada uno con casi medio siglo de actividad revolucionaria, podemos percibir la dinámica de clases que ha definido toda nuestra época. US$15.95

La segunda declaración de La Habana

Dos manifiestos del pueblo cubano a los oprimidos y explotados en América. La primera declaración, de septiembre de 1960, proclamó "el derecho de los campesinos a la tierra; el derecho del obrero al fruto de su trabajo . . . el derecho de los estados a la nacionalización de los monopolios imperialistas". "¿Qué enseña la Revolución Cubana?", planteó la segunda declaración en febrero de 1962. "Que la revolución es posible". US$4.50

Che Guevara habla a la juventud

Che Guevara desafía a los jóvenes de Cuba y del mundo a que trabajen y se vuelvan disciplinados. A unirse a las filas delanteras de las luchas, sean grandes o pequeñas. A leer y estudiar. A que aspiren a ser combatientes revolucionarios. A que politicen las organizaciones en que militan y, así, se politicen a sí mismos. A que se conviertan en un tipo de ser humano diferente, conforme sumen esfuerzos con el pueblo trabajador en todas partes para transformar el mundo. Y, avanzando sobre esa vía, a que renueven y gocen de la alegría y la espontaneidad de ser joven. US$14.95

Nueva Internacional

UNA REVISTA DE POLITICA Y TEORIA MARXISTAS

EL IMPERIALISMO NORTEAMERICANO HA PERDIDO LA GUERRA FRÍA. Esa es la conclusión que sacó el Partido Socialista de los Trabajadores al comienzo de la década de 1990, a raíz del colapso de los regímenes y partidos en toda Europa oriental y la URSS que se reclamaban comunistas. Al contrario de las esperanzas que abrigaba el imperialismo, la clase trabajadora en esos países no había sido aplastada. Sigue constituyendo un obstáculo tenaz a la reimposición y estabilización de las relaciones capitalistas, obstáculo que los explotadores deberán enfrentar en batallas de clases: en una guerra caliente.

Tres ediciones de la revista marxista *Nueva Internacional* analizan las expectativas frustradas de las clases propietarias gobernantes y plantean una perspectiva con la que los revolucionarios respondan al renovado ascenso de resistencia de trabajadores y agricultores ante la inestabilidad económica y social, la propagación de guerras y corrientes derechistas engendradas por el sistema del mercado mundial. Explican por qué, al comenzar el siglo XXI, las perspectivas históricas para la clase obrera, lejos de decaer, han mejorado.

El imperialismo norteamericano ha perdido la Guerra Fría

JACK BARNES

“Sólo entre los luchadores, entre los revolucionarios de acción se podrá forjar comunistas al calor de la lucha. Y es sólo entre la clase trabajadora que podrá surgir la vanguardia política de masas de estos combatientes. La lección de los más de 150 años de lucha política del movimiento obrero moderno es la siguiente: llegar a ser y seguir siendo revolucionario significa llegar a ser comunista”.
En *Nueva Internacional* no. 5. US$15.00

La marcha del imperialismo hacia el fascismo y la guerra

JACK BARNES

“Habrá nuevos Hitlers, nuevos Mussolinis. Eso es inevitable. Lo que no es inevitable es que triunfen. La vanguardia obrera organizará a nuestra clase para combatir el terrible precio que nos imponen los patrones por la crisis capitalista. El futuro de la humanidad se decidirá en la contienda entre estas dos fuerzas enemigas de clase”. En *Nueva Internacional* no. 4. US$15.00

Los cañonazos iniciales de la tercera guerra mundial

JACK BARNES

“La guerra de Washington en el Golfo y su resultado no iniciaron un nuevo orden mundial de estabilidad y armonía supervisada por la ONU. En cambio, fue la primera guerra que desde el fin de la Segunda Guerra Mundial nace básicamente de la intensa competencia e inestabilidad acelerada del viejo orden mundial imperialista”. En *Nueva Internacional* no. 1. US$13.00

TAMBIÉN SE ENCUENTRAN EN LAS PUBLICACIONES HERMANAS DE *Nueva Internacional* EN INGLÉS, FRANCÉS Y SUECO.

El ascenso y el ocaso de la revolución nicaragüense

Lecciones para los luchadores del mundo entero sobre el gobierno de trabajadores y campesinos que llegó al poder en julio de 1979. Basado en una década de periodismo socialista realizado desde Nicaragua, este número especial de *Nueva Internacional* recuenta los logros de la revolución nicaragüense y el impacto que tuvo a nivel mundial. Explica, además, el repliegue político de la dirección del Frente Sandinista de Liberación Nacional que condujo a la derrota de la revolución a finales de los años ochenta. Documentos del Partido Socialista de los Trabajadores por Jack Barnes, Steve Clark y Larry Seigle. Incluye "El Programa Histórico del FSLN". US$15.00

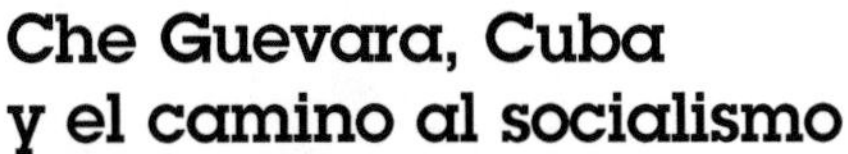

Che Guevara, Cuba y el camino al socialismo

ARTÍCULOS POR ERNESTO CHE GUEVARA, CARLOS RAFAEL RODRÍGUEZ, CARLOS TABLADA, MARY-ALICE WATERS, STEVE CLARK, JACK BARNES

Intercambios de principios de los años sesenta y actuales sobre las perspectivas políticas que Che Guevara reivindicó a medida que ayudó a dirigir al pueblo trabajador a impulsar la transformación de las relaciones económicas y sociales en Cuba. En *Nueva Internacional* no. 2. US$12.00

El segundo asesinato de Maurice Bishop

STEVE CLARK

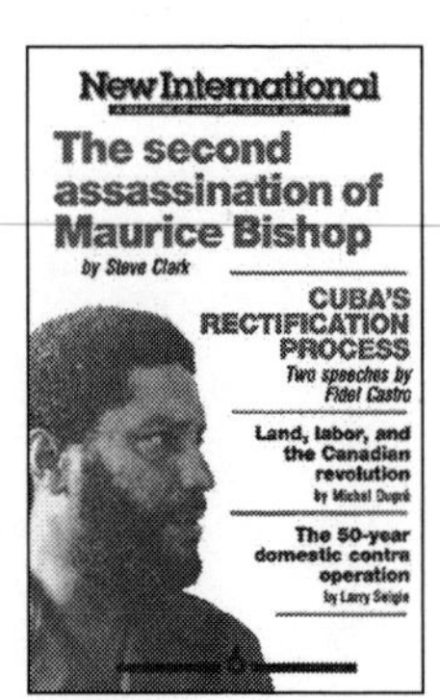

El artículo principal del no. 6 de *New International,* revista hermana de *Nueva Internacional* editada en inglés. Estudia los logros de la revolución de 1979–83 en la isla caribeña de Granada. Explica las raíces del golpe de estado de 1983 que llevó al asesinato del dirigente revolucionario Maurice Bishop y a la destrucción del gobierno de trabajadores y agricultores a manos de una fracción política estalinista existente dentro del Movimiento de la Nueva Joya. US$15.00

Distribuidas por Pathfinder

W W W . P A T H F I N D E R P R E S S . C O M

La liberación de la mujer y el socialismo

El capital
CARLOS MARX

El mejor libro jamás escrito sobre la opresión de la mujer, su explotación en la sociedad moderna y la vía hacia la emancipación. Tres tomos, US$23.95 cada uno.

El rostro cambiante de la política en Estados Unidos
La política obrera y los sindicatos
JACK BARNES

Una guía inapreciable sobre la lucha por la liberación de la mujer y la importancia superior que tiene en la batalla por transformar los sindicatos en instrumentos de lucha de clases y forjar un partido proletario. Una guía para trabajadores, agricultores y jóvenes a quienes repugnan las iniquidades sociales, inestabilidad económica, racismo, opresión de la mujer, violencia policiaca y guerras endémicas al capitalismo. Indispensable para quienes buscan la vía hacia la acción eficaz para derrocar a ese sistema explotador y unirse para reconstruir el mundo sobre bases nuevas, socialistas. US$21.95

Women and the Cuban Revolution
(La mujer y la Revolución Cubana)
DISCURSOS Y DOCUMENTOS POR FIDEL CASTRO, VILMA ESPÍN Y OTROS.

Sobre la transformación de la condición económica y social de la mujer en Cuba desde el triunfo de la revolución en 1959. US$14.95

La emancipación de la mujer y la lucha africana por la libertad
THOMAS SANKARA

"No existe una verdadera revolución social sin la liberación de la mujer", explica Sankara, dirigente central de la revolución de 1983–87 en Burkina Faso, donde los trabajadores y campesinos establecieron un gobierno popular revolucionario y comenzaron a combatir el hambre, el analfabetismo y el atraso económico impuestos por el imperialismo. US$5.00

LEA TAMBIEN DE **PATHFINDER**

El desorden mundial del capitalismo

Política obrera al milenio

JACK BARNES

La devastación social y pánicos financieros, la creciente aspereza de la política, la brutalidad policiaca y los actos de agresión imperialista que se aceleran a nuestro alrededor no son producto de algo que ha funcionado mal, sino de las fuerzas reglamentadas del capitalismo. Sin embargo, el futuro se puede cambiar con la solidaridad oportuna, la acción desinteresada de trabajadores y agricultores que estén conscientes de su capacidad de transformar el mundo. US$23.95

La clase trabajadora y la transformación de la educación

El fraude de la reforma educativa bajo el capitalismo

JACK BARNES

"Hasta que la sociedad se reorganice para que la educación sea una actividad humana desde que aún somos muy jóvenes hasta el instante en que morimos, no habrá una educación digna de la humanidad creadora y trabajadora". US$3.00

El manifiesto comunista

CARLOS MARX, FEDERICO ENGELS

El documento de fundación del movimiento obrero moderno, publicado en 1848. Explica por qué el comunismo no se deriva de principios preconcebidos sino de *hechos* y de movimientos proletarios que emanan de la lucha de clases real. US$5.00

Para comprender la historia

Ensayos marxistas

GEORGE NOVACK

¿Cómo surgió el capitalismo? ¿Por qué y cuándo agotó este sistema de explotación su papel otrora revolucionario? ¿Por qué es fundamental el cambio revolucionario para el progreso humano? US$17.95

Malcolm X habla a la juventud

Cuatro discursos y una entrevista ofrecidos a jóvenes en Ghana, el Reino Unido y Estados Unidos en los últimos meses de su vida, meses durante los cuales Malcolm X habló de forma cada vez más directa sobre las raíces capitalistas del racismo, la explotación y la opresión imperialista. Concluye con dos homenajes de un joven dirigente socialista en memoria de este gran revolucionario. US$15.00

Cosmetics, Fashions, and the Exploitation of Women

(Los cosméticos, la moda y la explotación de la mujer)
JOSEPH HANSEN, EVELYN REED Y MARY-ALICE WATERS

De cómo el gran capital se vale de la condición de segunda clase y de las inseguridades sociales de la mujer para comercializar los cosméticos y acumular ganancias. Explica cómo el ingreso de millones de mujeres a la fuerza laboral durante y después de la Segunda Guerra Mundial sentó las bases para un ascenso renovado de las luchas por la emancipación de la mujer. En inglés. US$14.95

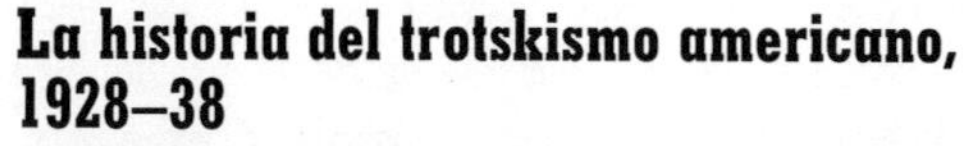

La historia del trotskismo americano, 1928–38

Informe de un partícipe
JAMES P. CANNON

En 12 charlas presentadas en 1942, Cannon recuerda los esfuerzos iniciales realizados por comunistas en Estados Unidos para emular a los bolcheviques y construir un nuevo tipo de partido proletario. Lleva la historia desde los primeros avances de los trabajadores de vanguardia que responden políticamente a la victoria de la Revolución Rusa de octubre de 1917, hasta la víspera de la Segunda Guerra Mundial, cuando la organización comunista en Estados Unidos adopta el nombre Partido Socialista de los Trabajadores. US$22.00

La última lucha de Lenin

Discursos y escritos, 1922–23

V.I. LENIN

A comienzos de la década de 1920, Lenin libró una batalla política en el seno de la dirección del Partido Comunista de la URSS para mantener la perspectiva que les había permitido a los trabajadores y campesinos derrocar el imperio zarista, emprender la primera revolución socialista y comenzar a construir un movimiento comunista mundial. Los problemas planteados en esta lucha —desde la composición de clase de la dirección, hasta la alianza obrero-campesina y la batalla contra la opresión nacional— siguen siendo fundamentales a la política mundial. US$21.95

Rebelión Teamster

FARRELL DOBBS

Las huelgas de 1934 que forjaron el movimiento sindical industrial en Minneapolis y ayudaron a allanar el camino para el ascenso del CIO, relatadas por un dirigente central de esas batallas. El primero en una serie de cuatro tomos sobre el liderazgo de lucha de clases de las huelgas y campañas de sindicalización que transformaron el sindicato de los Teamsters en gran parte del Medio Oeste norteamericano en un movimiento social combativo y señalaron el camino hacia la acción política independiente del movimiento obrero.US$19

Su Trotsky y el nuestro

JACK BARNES

"La historia demuestra que organizaciones revolucionarias pequeñas van a enfrentar no sólo la prueba severa de guerras y depresión, sino también oportunidades potencialmente devastadoras que emergen de forma inesperada al estallar huelgas y luchas sociales.

"Al suceder esto, los partidos comunistas reclutan muchos nuevos miembros. También se fusionan con otras organizaciones obreras que siguen el mismo rumbo, y crecen hasta convertirse en partidos proletarios de masas que contienden por dirigir a los trabajadores y agricultores al poder. Esto presupone que desde mucho antes sus cuadros han asimilado un programa comunista mundial, son proletarios en su vida y su trabajo, y han forjado una dirección con un agudo sentido de lo próximo que toca hacer. 'Su Trotsky y el nuestro' es sobre la construcción de tal partido". US$15.00